能源互联网研究进展
2011—2020

高　峰　主编

清华大学出版社
北京

图书在版编目 (CIP) 数据

能源互联网研究进展：2011-2020 / 高峰主编 . —北京：清华大学出版社，2023.3
ISBN 978-7-302-62458-5

Ⅰ . ①能…　Ⅱ . ①高…　Ⅲ . ①互联网络－应用－能源发展－研究－世界－ 2011-2020
Ⅳ . ① F416.2-39

中国国家版本馆 CIP 数据核字 (2023) 第 016965 号

责任编辑：纪海虹
封面设计：何凤霞
版式设计：方加青
责任校对：王荣静
责任印制：杨　艳

出版发行：清华大学出版社
　　　网　　　址：http://www.tup.com.cn，http://www.wqbook.com
　　　地　　　址：北京清华大学学研大厦 A 座　　　　　邮　　编：100084
　　　社 总 机：010-83470000　　　　　　　　　　　邮　　购：010-62786544
　　　投稿与读者服务：010-62776969，c-service@tup.tsinghua.edu.cn
　　　质 量 反 馈：010-62772015，zhiliang@tup.tsinghua.edu.cn
印 装 者：北京博海升彩色印刷有限公司
经　　销：全国新华书店
开　　本：185mm×260mm　　　印　　张：12.25　　　字　　数：253 千字
版　　次：2023 年 5 月第 1 版　　　印　　次：2023 年 5 月第 1 次印刷
定　　价：128.00 元

产品编号：099208-01

《能源互联网研究进展 2011—2020》

编写组

顾　　问：曾　嵘　孙宏斌　康重庆

主　　编：高　峰

共同主编：郭庆来　张　宁

副 主 编：夏　越　景　锐

成　　员：曹　灿　王雁河　金宇飞　徐丽娟　宋　怡
　　　　　秦建华　陆丹妮

支持单位：

清华大学能源互联网创新研究院

山西能源互联网研究院

爱思唯尔

北京英迈琪科技有限公司

前　言
PREFACE

能源互联网是新一代信息技术和能源融合发展的必然产物，是十九届五中全会提出的"推进能源革命，加快数字化发展"的具体实现，持续受到政、产、学、研、金、用多方的关注。能源互联网通过技术革命和体制革命加速供给革命及消费革命，对提高可再生能源比重、促进化石能源清洁高效利用、提升能源综合效率、推动能源市场开放和产业升级、形成新的经济增长点、提升能源国际合作水平具有重要意义。

能源互联网领域学科广泛，研究方向众多。在全球共同应对气候变化，实现"碳中和"的背景下，各国对能源互联网多能协同、供需互动、绿色低碳、智能高效等基本特征有着高度共识。虽然各国基于自身禀赋和能源系统特点各有侧重，但其共性需求都是必须依靠能源互联网科技创新促进实现经济发展与碳排放的解耦，实现经济、高效、安全、低碳的可持续发展。各国均重视能源、数字新技术在能源互联网领域的创新应用。

《能源互联网研究进展 2011—2020》从研究项目、研究人员、研究重点、研究成果、研究合作等角度，对 2011—2020 年各主要国家对能源互联网的 6000 余项科技攻关项目投入、10 万余篇论文、19 万余项专利产出进行了分析研究。采用聚类分析、关键指标评价等方法，识别了能源互联网领域的研究重点及其学术成果影响力，总结了能源互联网近 10 年间的研究发展动态趋势，并在众多研究学科中发掘热点研究方向，剖析了能源互联网关键技术未来发展动向与合作模式。本报告理论研究与工程实践并重，详细介绍了具有代表性的国内外能源互联网典型示范工程。通过案例分析，梳理总结实践经验，为推动中国能源互联网建设、合理制定相关政策和措施提供决策参考与依据。

《能源互联网研究进展 2011—2020》共分 6 章内容。第 1 章在概述能源互联网的概念、特征与架构的基础上，介绍本报告的基本研究方法；第 2 章通过对研究项目、资金和研究人员的分析，展现能源互联网的发展驱动力；第 3 章介绍了能源互联网的研究热点，主要包括词云图、高产出研究主题和高增长研究主题；第 4 章介绍了能源互联网的研究成果和影响力，包括学术成果与专利成果的产出及其影响、机构成果及其影响、主要国家研究成果及其影响等；第 5 章介绍了能源互联网的研究合作情况，包括学术方面的跨地域合作、产学合作和作者合作网络，以及专利方面的国际和国内合作现状，聚焦在国内专利产、学、研结合的研发模式，以及上下游合作的研发模式；第 6 章通过对国内外多能互补、灵活交易、绿色低碳等类似的典型能源互联网示范工程的介绍，展现能源互联网研究从学术到应用与产业推广的发展趋势。

《能源互联网研究进展 2011—2020》以国际对比分析、历史发展分析为核心，通过宽广的空间尺度、长久的时间尺度刻画了能源互联网研究的宏观图景，希望为国家能源互联网科技创新政策的制定、科技工作者的研究方向、企业科研创新投入方向提供支撑。

目 录
CONTENTS

图表目录

CONTENTS

第 1 章

概述

能源是人类生存和发展的基石，能源转型贯穿于人类发展的历史长河。随着人类对自身活动造成环境影响的认识加深，能源转型呈现出由自发到自觉的转变。2016 年《巴黎协定》的正式签署标志着以低碳发展为目标的能源转型成为世界共识。然而，正如斯米尔在《能源转型：数据、历史与未来》中对全球和九大经济体能源转型的深入分析得到的结论所说，冷静地看待能源转型，对于小型经济体，能源转型可以快速实现，而大型经济体或全球能源转型则是一个旷日持久的过程。不过斯米尔也在援引比尔·盖茨对加速能源创新的乐观态度时表示，技术和研发的加大将加速能源低碳转型。

信息技术与能源技术的结合、模式创新与技术创新的结合、数字革命与能源革命的结合，是通过"升维"的方式颠覆性地推动能源转型。能源互联网作为能源革命的实现手段和具体形态，正是在这样的背景下受到政、产、学、研、金、用多方的关注。世界主要国家已经在能源互联网的科技创新和研究能力发展方面进行了大量探索与实践，以期依靠能源互联网科技创新促进经济发展与碳排放的解耦，实现经济、高效、安全、低碳的可持续发展。

能源互联网领域学科广泛，研究方向众多，各方认知不尽相同。因此，本章首先通过剖析能源互联网的概念演变历程，给出具有广泛意义上的能源互联网概念、特征与架构。接下来，本书介绍以研究目标为导向，以广覆盖的数据来源为基础，以基于能源互联网概念凝练而成的检索关键词为手段作为基本研究方法。

1.1 能源互联网概述

1.1.1 能源互联网的概念

能源互联网（Energy Internet，EI）的概念最早可追溯到《经济学人》（*The Economist*）杂志于 2004 年 3 月 11 日发表的一篇文章《建设能源互联网》（*Building the Energy*

Internet）。文中指出，随着分布式能源占比的不断增加，若要在各种新的不确定性面前保障电网的稳定性和效率，需要通过借鉴互联网自愈和即插即用的特点，将传统电网转变为智能、响应和自愈的数字网络，也就是能源互联网。此后，国际上针对能源互联网进行了广泛的研究，着力研究下一代能源系统。2011 年，美国学者杰里米·里夫金在其著作《第三次工业革命》中提出能源互联网是第三次工业革命的核心之一，使得能源互联网被更多人关注，产生了较大影响，并在 2014 年出版的《零边际成本社会》一书中对能源互联网进行了更加系统和全面的论述。

早在 20 世纪 80 年代，清华大学前校长高景德便提出了"CCCP"（现代电力系统是计算机、通信、控制与电力系统以及电力电子技术的深度融合）的概念。近年来，国内快速发展的智能电网也不断强调信息技术与现代电网的紧密结合。2012 年 8 月首届中国能源互联网发展战略论坛在长沙举行，对能源互联网概念进行了初步介绍，之后国内学者专家对能源互联网的概念进行了深入拓展。2013 年 12 月，北京市科委组织"第三次工业革命"和"能源互联网"专家研讨会。2014 年 2 月，国家能源局委托江苏现代低碳技术研究院开展"能源互联网战略研究"课题。2014 年 6 月，中国电力科学研究院牵头承担中国国家电网有限公司（下称"中国国家电网公司"）基础前瞻性项目"能源互联网技术架构研究"，着力构建未来能源互联网架构，搭建相应的能源互联网研究平台。

随着党的"十八大"提出能源革命战略、2015 年政府工作报告推出"互联网 +"行动计划，能源与互联网正不断实现深度融合，极大地促进了国内能源互联网的发展。2015 年 4 月，国家能源局首次召开能源互联网工作会议。2015 年 4 月，由清华大学发起并组织以"能源互联网：前沿科学问题与关键技术"为主题的香山科学会议在北京香山饭店召开，为中国能源互联网的发展建言献策，在国内外产生了重要影响。2015 年 6 月，国家能源局开展"国家能源互联网行动计划战略研究"并将其作为国家"互联网 +"行动计划的重要载体。2016 年 2 月，国家发展改革委、能源局、工信部联合发布国家能源互联网纲领性文件《关于推进"互联网 +"智慧能源发展的指导意见》，提出了能源互联网发展的路线图，明确了推进能源互联网发展的指导思想、基本原则、重点任务和组织实施。2016 年 3 月，《国家"十三五"规划纲要》明确提出"将推进能源与信息等领域新技术深度融合，统筹能源与通信、交通等基础设施网络建设，建设"源—网—荷—储"协调发展、集成互补的能源互联网"。2016 年 4 月，国家发改委、能源局正式发布《能源技术革命创新行动计划（2016 —2030 年）》，为未来中国能源互联网技术的发展制定了行动计划。

目前，对能源互联网的概念及技术形态有多种理解方式。其中，里夫金认为能源互联网是以新能源技术和信息技术深入结合为特征的一种新的能源利用体系。有学者提出，能源互联网是以互联网思维与理念构建的新型信息—能源融合"广域网"，它以大电网为"主干网"，以微网、分布式能源等能量自治单元为"局域网"，强调用互联网理念改造传统能源产业结构、设备和控制形态以实现根本革新，真正实现信息能源基础设施的一体化，实现能源双向按需传输和动态平衡的使用。有学者认为，能源互联网是以电力系统为中心，以智能电网为骨干，以互联网、大数据、云计算及其他前沿信息通信技术为纽带，综合运用先进的电力电子技术和智能管理技术，将电力系统与天然气网络、供热网络以及工业、交通、建筑系统等紧密耦合，横向实现电、气、热、可再生能源等"多源互补"，纵向实现"源—网—荷—储"各环节高度协调、生产和消费双向互动、集中与分布相结合、能源与信息高度融合的下一代能源体系。

综合各方观点可以看出，能源互联网是一种互联网理念、技术与能源生产、传输、存储、消费，以及能源市场深度融合的新型生态化能源系统。其以可再生能源优先、以电力为基础，通过多种能源协同、供给与消费协同、集中式与分布式协同，大众广泛参与，实现物质流、能量流、信息流、业务流、资金流、价值流的优化配置，促进能源系统更高质量、更有效率、更加公平、更可持续、更为安全。其具有设备智能、多能协同、信息对称、供需分散、系统扁平、交易开放等主要特征。其中，互联网理念就是系统性思维、以用户为本，而互联网技术则主要包括云计算、大数据、物联网、人工智能、区块链、数字孪生等数字化技术。

1.1.2　能源互联网的特征

能源互联网作为新型能源系统，代表了未来能源系统的形态。与传统能源系统相比，"新型"的核心体现为六个主要特征：

（1）能源协同化。通过多能融合、协同调度，提升能源系统整体效率及资金利用效率与资产利用率。通过能源互联网技术可实现电、热、冷、气、油、煤、交通等多能源链协同优势互补，其潜在效益包括：在产能侧，通过储热、电制氢等方式，可以应对可再生能源的不确定性，减少弃风弃光，提高可再生能源的消纳能力，支撑高比例可再生能源的接入；在用能侧，通过多能综合利用，实现梯级利用和余能回收，提高一次性能源综合利用效率，减少能源消耗和各种污染物排放等；多能源系统协同规划建设，减少重复建设导致的浪费，提高经济性；为用户多样化用能选择提供优化空间，以满足用户不同品位的能源需求，降低用能成本，提高供能的可靠性。

（2）能源高效化。能源系统除了需要提高整体效率外，还需要注重效益、效用和效能的提升。通过风能、太阳能等多种清洁能源接入，保证环境效益、社会效益。以能源生产者、能源消费者、能源运营者和能源监管者等用户的效用为本，推动提升能源系统的整体效能。

（3）能源商品化。还原能源商品属性，通过市场化激发所有参与方的活力，形成能源营销电商化、交易金融化、投资市场化、融资网络化等创新商业模式。探索能源消费新模式。通过以智能电网为配送平台，以电子商务为交易平台，融合储能设施、物联网、智能用电设施等硬件以及碳交易、数字金融等衍生服务于一体的绿色能源网络发展，实现绿色电力的点到点交易及实时配送和补贴结算。建设能源共享经济和能源自由交易，促进能源消费生态体系建设。

（4）能源众在化。首先，能源生产从集中式到分布式再到分散式实现泛在，能源单元之间对等互联，使能源设备和用能终端基于互联网进行双向通信和智能调控，实现分布式能源的即插即用，逐步建成开放共享的能源网络。其次，能源链所有参与方资源共享、积极合作，将促进前沿技术和创新成果及时转化，实现开放式大众广泛参与的创新体系，推动跨区域、跨领域的技术成果转移和协同创新。

（5）能源虚拟化。借鉴互联网领域虚拟化技术，通过软件方式将能源系统基础设施抽象成虚拟资源，盘活如分散存在的铅酸电池储能存量资源，突破地域分布限制，有效整合各种形态和特性的能源基础设施，提升能源资源利用率。

（6）能源数字化。第一，通过数字化技术打通能源链"源"—"网"—"荷"—"储"各个环节，提升业务链从规划建设到运行管理乃至监管各环节的效率和效能。第二，从设备到系统实现信息物理融合，实现由一个个具备自学习、自组织、智能化能力的信息物理综合体（Cyber-Physical Synthesis）组合而成的信息物理系统（Cyber-Physical System）。如有数百个传感器、通过几百万行控制代码的智能风机组成的智能风电场，就可以视为由信息物理综合体组成的信息物理系统。第三，能源基础设施本身能够像互联网一样，实现即插即用、模块组合、软件定义、灵活组网。

1.1.3 能源互联网的架构

能源互联网可以通过如图 1-1 所示的架构进一步描述。物理层要实现多能协同能源网络；信息层要支撑信息物理融合能源系统；应用层在提升现有应用水平的基础上更要实现创新的能源运营模式；机制层通过构建公平、高效的能源内外部生态为其他三层提供保障。

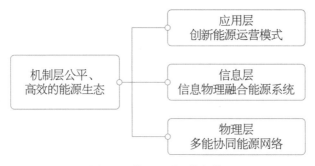

图 1-1　能源互联网的架构

从物理层来看，能源互联网的实现形态是在不同区域范围和规模内物质流、能量流、信息流、业务流和资金流的优化配置。类似于互联网按规模分为局域网、广域网和万维网，能源互联网将首先实现能源局域网，即多能源微网，将电、冷、热、水、气等网络互联协调，实现能源的高效利用，并具备柔性、可扩展的能力，支持各类分布式能源的即插即用；以能源局域网为基本节点，以电网、管网、路网为骨干网架，由点及面形成广域互联，即能源广域网。多能协同能源网络为整个能源链的能源优化配置提供了物理基础。能源转换是多能协同的核心，其包括不同类型能源的转换（切换）以及不同承载方式的能源转换（变换）。不同类型的能源转换（切换）在能源生产端除了通常的利用发电机等各种技术手段将一次能源转换成电力二次能源外，还包括如电解水生成氢燃料，电热耦合互换等多种形式。在能源消费端，能源转换（切换）是能源消费者可以根据效益最优的原则在多种可选能源中选择消费。不同承载方式的能源转换（变换）主要体现在能源传输环节，如在电网中，有交流电和直流电之间通过变频器的转换、不同电压等级通过变压器的转换；在天然气网中，有液态和气态之间的转换；在热网中，低温高温的转换通过热泵实现。

多能协同能源网络整体效能的最大化离不开信息物理系统的融合。信息层要充分利用云计算、大数据、物联网、移动互联网、人工智能、区块链等数字化技术，实现计算、通信与物理系统的一体化，实现数据的实时协同，实现多种能源系统的信息共享，信息流与能量流通过信息物理融合系统（CPS）紧密耦合。在能源互联网下，信息系统和物理系统将渗透到每个设备，并通过适当的共享方式使得每个参与方均能获取到需要的信息，信息流将贯穿于能源互联网的全生命周期，包括其规划、设计、建设、运营、使用、监控、维护、资产管理和资产评估与交易。

能源互联网除互联网形态的物理特性外，还兼具互联网形态的服务特性，即能源互联网的价值实现途径——创新能源运营。应充分运用互联网思维，以用户为中心，实现业务价值。能源价值链每个环节与互联网相结合，都可以产生各式各样的商业模式，如 B2B（企业对企业）、B2C（企业对消费者）、C2B（消费者对企业）、C2C（消费者对消费者）、O2O（线上线下）各种形式的能源服务新模式、新业态。依靠能源互联网，可以去除无效的中间环节，打造高效的供应体系，实现能源的"从厂到端"（F2C）模式。应用层的基本作用也不能忽视：基于能源物理实体与信息网络的深度融合，基于大数据分析、分布式控制、智能计算和复杂网络等新技术，对不同的能量流动环节进行整体优化，提高能源的利用效率，并通过不同能源间的替代和转化，提高可再生能源应用比例。

技术依赖于市场，市场依赖于模式，模式依赖于机制。机制层通过现代能源体系的市场机制引导、政府管制和法律规制三者统一协调，构建促进未来能源系统生态化发展政策保障体系，利用递进式的政策演进，消除由于市场失灵导致的能源发展的负外部性效应，通过还原能源商品属性，使能源价格真正反映出环境和资源成本，进而引导经济结构调整，引领能源技术创新，降低能源强度和污染水平，实现可再生能源对常规能源的替代。核心需要政府构建一个公平公正开放的机制环境来加以实现。此外，企业、机构等也需要构建内部公平高效的科技创新、产业转化、人才发展等机制。

1.2 研究方法

1.2.1 研究目标

1. 能源互联网发展驱动力概览

基于对 2011—2020 年两个阶段（即 2011—2015 年、2016—2020 年）国际及主要国家支持的能源互联网相关基金项目、学术与专利人才的分析，综合评估能源互联网发展的两个阶段及多维度驱动力。

2. 能源互联网研究热点概览

基于对 2011—2020 年不同阶段国际及主要国家学术出版物和专利产出的主题分布，从词云图、高产出研究主题和高增长研究主题 3 个角度，结合复合年增长率、归一化影响因子（FWCI）、突出度百分位数以及专利分类号等指标，挖掘能源互联网研究与发展的核心热点领域，同时，关注学术出版物与专利产出在该领域中的异同性，为能源互联网研究工作的开展提供参考方向。

3. 能源互联网成果与影响力概览

基于对 2011—2020 年两个阶段（即 2011—2015 年、2016—2020 年）国际及主要国家学术出版物和专利的产出与变化趋势对比，采用归一化影响因子指标来综合评估能源互联网的科研影响力，并从被引用次数、专利转让和授权占比来综合评估专利影响力，同时关注基于高被引文献与高影响力期刊分析的高学术影响力研究成果。

4. 能源互联网学术和专利合作概览

基于学术合作和专利合作的成果统计，通过综合评估跨地域合作、产学合作和作者合作的成果数量、年度变化趋势、影响力等，构建能源互联网领域学术与专利的合作网络，分析能源互联网合作网络中网络主体的行为偏好和发展趋势。

1.2.2 研究内容

1. 能源互联网发展驱动力

基金项目部分，主要分析 2011—2020 年国际及主要国家支持的能源互联网相关基金项目。基金数据来自 Funding Institutional 数据库。本领域的相关基金项目将使用下述"所采用的学科分类"中声明的基金检索策略来定义。其内容包括：

◎ 能源互联网国际资助项目变化趋势
◎ 能源互联网国际资助项目数量最多的 10 个基金组织
◎ 能源互联网国际资助金额最高的 10 个项目

学术人才部分，主要分析能源互联网的科研人才现状。其内容包含：

◎ 能源互联网研究所有相关作者分析，相关作者即至少发表过 1 篇被 Scopus 收录文献的作者

◎ 能源互联网活跃研究者（活跃研究者：1996 年统计日累计发表 10 篇文献且最近 5 年至少发表 1 篇文献的学者；或者最近 5 年累计发表 4 篇文献的学者。）

专利申请人部分，主要分析能源互联网的专利人才现状。其内容包含：

◎ 国际能源互联网专利的申请人和发明人变化趋势（2011—2020 年）

◎ 主要申请人排名、技术分布、申请人之间专利合作关系分析（2011—2020 年）

◎ 领域内的活跃研究者（活跃研究者：2011—2020 年累计申请 1000 项专利以上的申请人）

2. 能源互联网热点研究及趋势

能源互联网热点研究及趋势包括关键概念和变化趋势，以及热点研究主题。

核心概念和趋势部分，通过提取能源互联网领域的关键短语，分析核心概念的变化趋势。关键短语基于爱思唯尔的 Finger Print Engine，利用数据挖掘和自然语言处理技术从文献的标题、摘要和作者关键词，以及专利主题名称、摘要信息、发明人等关键词中提取。本部分内容包括：

◎ 国际能源互联网重点关键词网络图（2016—2020 年）

◎ 变化趋势：2016—2020 年，国际能源互联网每年词频最高的 5 个关键词

出版物热点研究主题部分，通过提取全球能源互联网的热点研究主题对标分析，分析主要国家的热点研究主题异同（2011—2020 年）。其内容包括：

◎ 2011—2020 年能源互联网国际热点研究主题的主题圈图

◎ 2011—2020 年能源互联网国际发文量最高的 10 个热点研究主题

◎ 2011—2020 年能源互联网国际发文增长最快的 10 个热点研究主题

◎ 2011—2020 年各个主要国家能源互联网产出最高的 5 个热点研究

领域内专利热点研究主题部分，通过提取国际能源互联网的热点研究主题对标分析，分析主要国家的热点研究主题异同（2011—2020 年）。其内容包括：

◎ 2011—2020 年能源互联网专利热点研究主题的主题圈图

◎ 2011—2020 年能源互联网专利量最高的 10 个热点研究主题

◎ 2011—2020 年能源互联网专利增长最快的 10 个热点研究主题

◎ 2011—2020 年各个主要国家申请量最多的 10 个热点研究

3. 能源互联网科研表现概览

本部分主要基于学术出版物和专利的数据与方法，分析 2011—2020 年国际及主要国家在"能源互联网"领域的研究进程，包括科研产出、科研影响力和发展趋势。

学术产出部分，分析国际及主要国家在能源互联网领域的学术产出和全球学术产出领先的国家与机构。其内容包括：

◎ 能源互联网的科研产出变化趋势（2011—2020 年）

◎ 能源互联网学术产出前 10 名的国家（2011—2020 年）

◎ 主要国家在能源互联网的学术产出变化趋势（2011—2020 年）

◎ 能源互联网全球学术产出前 20 名的机构（2011—2020 年）

◎ 多学科性：能源互联网相关学术成果在两个时间段的学科分布变化（2011—2015 年、2016—2020 年）

专利产出部分，分析国际及主要国家在能源互联网的专利产出和国际专利产出领先的国家与申请人。其内容包括：

◎ 能源互联网专利产出变化趋势（2011—2020 年）

◎ 能源互联网专利产出前 10 名的国家（2011—2020 年）

◎ 主要国家能源互联网的专利产出变化趋势（2011—2020 年）

◎ 能源互联网专利产出前 20 名的申请人（2011—2020 年）

◎ 能源互联网的相关专利成果在两个时间段的专利分布变化（2011—2015 年、2016—2020 年）

学术影响力部分，主要评估能源互联网学术成果的学术影响力。学术影响力通过被引用次数和引用次数标准化的指标归一化影响因子（FWCI）来评估。其内容包括：

◎ 国际能源互联网学术影响力变化趋势（2011—2020 年）

◎ 各主要国家的能源互联网学术影响力。本部分除了评价各国所有能源互联网文献的学术影响力，还将评估作为主要贡献者发表的文献的学术影响力

◎ 国际总被引次数前 20 的机构

专利影响力部分，主要评估能源互联网专利成果的专利影响力。专利影响力通过被引用次数、专利转让和授权占比进行评估。分析内容包括：

◎ 能源互联网专利影响力变化趋势（2011—2020 年）

◎ 各个主要国家能源互联网的专利影响力

◎ 国际总被引次数前 20 的申请人、专利转让或授权占比前 20 的申请人

高学术影响力研究成果部分，主要分析国际及主要国家在能源互联网上高影响力的学术产出。其内容包括：

◎ 国际前 1%/10% 高被引文献，并分析 1% 高被引文献发文量最多的 10 个机构

◎ 国际前 1%/10% 高影响力期刊发表的文献，并分析发文量最多的 10 本前 1% 高影响力期刊

◎ 国际被引用次数居前 20 名的文献列表，包括文献标题、关键词、期刊、发表年、作者和作者机构

高专利影响力研究成果部分，将提供国际及主要国家在能源互联网领域的高影响力专利产出分析。其内容包括：

◎ 国际前 1%/10% 高被引专利，并分析 1% 高被引专利最多的 10 个申请人

◎ 国际被引用次数居前 20 名的专利列表，包括专利标题、申请和授权日期、申请人信息

4. 研究合作

本部分基于领域内不同合作类型（包括国际合作、国内合作和机构内合作），分析

2011—2020 年能源互联网领域的研究合作程度与趋势。其内容包括：

◎ 跨地域合作

◎ 产学合作

◎ 作者合作

1.2.3　数据来源

本书中关于学术界和产业界能源互联网研究发展的数据来自 Scopus、SciVal 和 Funding Institutional、智慧芽提供的全球 126 个国家或地区的专利数据库以及 120 个国家或地区的可查询专利法律状态的法律信息数据库，根据这些数据库的数据对论文期刊、资金数据与专利进行抽取和分析。上述数据库的简介如下：

1. Scopus

Scopus 是爱思唯尔旗下的数据库，主要存储同行评审文献的摘要与引文，覆盖了共 7 100 万份文件，主要来自 5 000 家出版商发行的 23 700 种活跃期刊、图书和会议论文。

Scopus 的覆盖范围是多语种和全球性的：Scopus 中大约 46% 的出版物是以英语以外的语言发布的（或以英语和其他语言双语或多语种发布的）。此外，超过一半的 Scopus 内容来自北美以外地区，代表了欧洲、拉丁美洲、非洲和亚人地区的许多国家。

Scopus 的覆盖范围还包括所有主要研究领域，其中关于自然科学刊物约 13 300 种，健康科学 14 500 种，生命科学 7 300 种，社会科学 12 500 种（后者包括大约 4 000 种与艺术和人文有关的出版物）。所涉及的刊物主要是系列出版物（期刊、丛书和会议材料），相当数量的会议论文也在独立的会议记录卷（特别是在计算机科学中，会议论文是一个重要的传播机制）中涉及。Scopus 认识到，所有领域（尤其是社会科学和艺术与人文学科）的大量重要文献都是以图书形式出版的，因此在 2013 年开始增加图书覆盖率。截至 2018 年，Scopus 共收录 186 万册图书，其中社会科学类 40 万册，人文艺术类 29 万册。在专利方面，Scopus 包含了 5 个主要知识产权局或专利局：美国专利及商标局（USPTO）、欧洲专利局（EPO）、日本特许厅（JPO）、英国知识产权局（UKIPO）和世界知识产权组织（WIPO）的约 4 370 万个专利。Scopus 数据的更新频率以天为单位，每天会更新约 1 万篇。

Scopus 数据库提供许多不同类型的多元指标，供使用者针对研究文献、期刊、研究者从不同角度评估文献与期刊的影响力、研究的学术产出。

2. SciVal

SciVal 是一款强大且灵活的即用型解决方案，能够使用户直观地了解科研工作，与同行对标，建立合作关系，并分析科研趋势。

SciVal 可以方便、快捷地访问全球 1.6 万家机构和 230 个国家的科研查询。SciVal 基于 Scopus 数据库，实现了科研成果产出和趋势的可视化。凭借先进的数据分析技术，SciVal 能在几秒内处理大量数据，生成可视化图像。SciVal 根据全球 5 000 家出版商出版的 21 915

份期刊、4 600 万份出版物计算得出了共 170 万亿项指标。

SciVal 使用 Scopus，从 1996 年到现在，其数据涵盖了 5 000 家出版商 2.1 万个系列中的 4 800 多万条记录。这些记录包括：

◎ 2.2 万多份同行评审期刊

◎ 360 份行业出版物

◎ 1 100 本报告系列

◎ 550 万篇会议论文

3. Funding Institutional

爱思唯尔的 Funding Institutional 数据库能够访问 710 多万个奖项信息，涵盖全球 70 多个国家（地区）的 4 500 多个资助机构（包括政府、基金会、慈善机构、学术组织），以确保资助机会具有全球性和全面性（数据截至 2020 年 3 月）。通过获得最相关、可赢的资助机会和对资助格局的更全面洞察，机构可以增加赢得资助申请的概率。这个平台提供了一个竞争优势，包括提供了研究资金全景的整体视图，并使用一个单一的解决方案，提供了超过 1.8 万个资助机会和来自广泛的资助者超过 300 万研究资助的信息。资助机构提供下列内容：

◎ 3 500 多个政府和私人资助机构，包括美国的 2 000 名资助人

◎ 1.8 万美元 + 的融资机会

◎ 价值 980 亿美元的积极融资机会

◎ 300 万美元以上资助

◎ 1.6 万亿美元以上的赠款

4. 专利数据库

专利数据库中包括中国、美国、日本、韩国、欧盟等全球 33 个主要国家或地区的专利数据库以及全球其他 93 个国家或地区的专利数据库，基本囊括全球专利数据，共计包括 126 个国家（地区）1.6 亿多条专利数据，82 个国家（地区）外观设计专利数据，62 个国家（地区）专利数据，数据的更新频率以周为单位。

5. 专利法律信息数据库

智慧芽提供 120 个国家或地区专利的法律状态、转让、许可、诉讼、无效等信息，其中包括 70 个以上国家（地区）许可数据，涉及 25 万件许可，关联专利近 40 万条，数据的更新频率以周为单位。

1.2.4　检索方法

本书数据检索方法通过设定合适关键词进行检索，对检索结果进行汇总分析。

首先，根据能源互联网广泛认可的核心概念确定能源互联网（Energy Internet，EI）核心关键词，如能源互联网、智能电网、数字能源、微电网、配电网、综合能源系统等。能

源互联网核心关键词如表 1-1 所示。

表 1-1 能源互联网核心关键词

能源互联网核心关键词	Energy Internet Keywords
能源互联网	Energy Internet, Internet of Energy
智慧能源，数字能源	Smart Energy, Digital Energy
综合能源系统	Integrated Energy System, Multi-energy System, Multi-Vector Energy System, Multi-Carrier Energy System
能源路由器	Energy Router
智能电网，智能配电网，微电网	Smart Grid, Smart Energy Grid, Smart Power Grid, Smart Distribution Grid, Microgrid
智能电表，智能量测	Smart Meter, Smart Metering

其次，能源互联网以现代通信技术（Information and Communication Technology，ICT）为主对能源电力系统进行互联，为了体现能源互联网的多学科性和数据分析的全面性，使用 ICT 关键词在能源和电力领域进行检索，ICT 关键词如表 1-2 所示。文献检索的规则为在"能源电力"领域内检索"标题/索引关键词"中含有信息通信技术关键词并通过遴选相关期刊组成，所包含的期刊参见附录。专利检索的检索规则为 ICT 关键词和专利 CPC 分类号结合，检索专利"标题/摘要/权利要求"字段中含有 ICT 关键词，检索过程中确定的能源电力相关学术主题分类及专利 CPC 分类号参见附录相关说明。

表 1-2 现代通信技术 ICT 关键词

ICT-关键词	Information and Communication Technology Keywords
人工智能	Artificial Intelligence, Deep Learning, Machine Learning, Artificial Neural Network, Reinforcement Learning
大数据	Big-data, Data-driven, Data Mining
区块链	Blockchain, Smart Contract, Distributed Ledger Technology
物联网	Internet of Things
云计算	Cloud Computing
信息物理	Cyber Physical
5G	5G Communication,5G Mobile Communication Systems, 5G Network
数字孪生	Digital Twin
量子计算	Quantum Computing, Quantum Theory
算法	Genetic Algorithm, Learning Algorithm, Clustering Algorithm
数据管理、知识图谱	Data Management, Knowledge Management, Knowledge Graph
信息安全、数据安全	Information Security, Data Security
数据共享	Data Sharing
机器人、无人机	Robotic, Robot, Unmanned Aerial Vehicle
虚拟现实、增强现实	Virtual Reality, Augmented Reality
面部识别、计算机成像	Facial Recognition, Computer Vision
传感器	Sensor
分布式计算	Distributed Computing, Distributed System in Computing

最后,根据所确定的关键词及检索规则进行检索、筛选,初步得到多组关于不同关键词的检索结果,然后将上述多组检索结果进行汇总和去重分析,得到最终的总体检索结果。整体检索方法如图 1-2 所示。

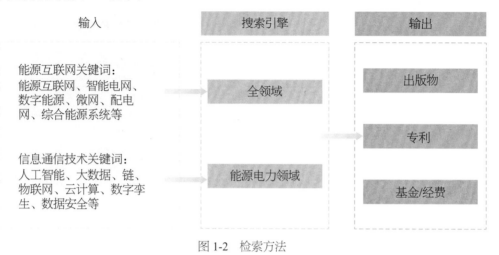

图 1-2　检索方法

1.3　本章小结

能源领域的变革对一个国家经济和社会发展具有重要的意义,随着新一代信息通信技术对能源领域的持续渗透,各国纷纷把能源互联网作为实现能源转型的突破口。本章首先介绍了能源互联网的概念及其演进过程,接着讨论了能源互联网的特征、组成架构及其关键技术。能源互联网是能源和互联网深度融合的结果,能够包容现有的理念,但具有更深刻的内涵。开放是其核心理念,互联网理念和技术的深度融入是其核心特征,能源系统的类互联网化和互联网 + 是其基本架构。先进的电力电子技术、信息技术是关键技术中的共性技术。第 1.2 节介绍了本章使用的数据来源及其检索方法。后续章节内容以能源互联网研究进展为主脉络,从驱动力、研究热点、影响力、国际合作、示范工程 5 个方面分析了2011—2020 年国际能源互联网的发展现状与趋势,为能源互联网领域从业者在理论和实践方面提供参考。

第 2 章

能源互联网发展驱动力

能源互联网的提出和发展具有环境、经济、社会和政策等诸多驱动力，它既是能源系统自身发展的趋势，也是外部对能源系统提出的迫切需求。内外因相结合，使之具有巨大的发展空间。

（1）环境驱动力。环境问题已经成为人类可持续发展的世界性难题，也是中国发展面临的重要挑战。随着可再生能源装机容量的不断增加和经济增速的放缓，对可再生能源的需求变得更加迫切。为缓解环境压力，需要在现有基础上显著提高可再生能源的消纳能力和能源利用效率，通过构建能源互联网实现能源生产和消费模式革命。

（2）经济驱动力。全球经济新格局正在逐步构建，需要培育新的支柱产业和新的经济增长点。能源行业作为传统的支柱行业，对经济的发展和产业升级具有重要影响。各行业通过积极引入互联网应用，打造数字产品和服务新市场，因此，互联网在能源行业的应用有着非常可观的空间。

（3）社会驱动力。互联网的普及深刻地改变了人们的观念和生活方式，也为创新创业提供了低成本和便捷的途径。互联网的高普及率使人们依赖于互联网实现各种功能，因此具有更强的个性化和更多的选择性。这些改变将倒逼能源供给和传输的变化，深入人心的互联网思维和互联网体验也正在改变能源行业，全新商业模式的出现将带来整个能源行业的变革。

（4）政策驱动力。2015 年，随着各项相关政策的逐步出台和完善，中国能源革命的大幕已经拉开。政府通过采用政策激励，改革试点等方式，在新能源消纳、电价改革和需求侧管理方面取得了显著成效。

"互联网＋"战略的核心特点是利用互联网技术大幅提升生产率，降低成本，推动经济发展。它的提出与实施，在一定程度上促进了能源互联网示范工程在全国的全面推广。

创新驱动发展战略营造了万众创新的政策环境，互联网降低了创新门槛，为创新提供了更多可能，具有庞大市场的能源领域将成为万众创新的沃土。

能源互联网是能源与互联网深度融合的产物，具有全新的思维理念、深刻的科学问题和广阔的应用空间，是当前重要的研究热点。资金和人才是推进能源互联网研究不断发展的两大核心力量。各国在能源互联网领域设立了许多研究项目和基金，激励研究人员攻坚克难，推动技术的发展和进步；同样，在能源互联网领域的许多学科中，研究人员通过大量的研究成果，不断诠释能源互联网的新内涵和新概念。

2.1   能源互联网研究项目与资金

2.1.1   研究项目和资金年度变化趋势

图 2-1 展示了与能源互联网领域相关的项目数量和总资金的年度趋势。根据资助数据平台 Funding Institutional 的数据，2011—2020 年，能源互联网领域总共资助了 6 260 个项目。这一数字从 2011 年的 388 个增至 2019 年的 697 个，2015 年达到峰值 858 个。2011—2020 年，能源互联网领域的资金总额约为 59 亿美元。能源互联网领域的资金从 2011 年的近 6 亿美元增长到 2019 年的峰值 9 亿美元。2011—2014 年平均每年资助项目 489 个，由于 2020 年的数据暂未完全更新，此处统计的 5 年期为 2015—2019 年，在此期间平均每年的项目数量为 777 项，比 2011—2014 年的每年平均资助项目数量高出 59%。

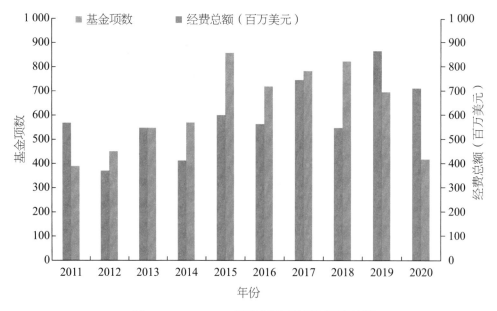

图 2-1   2011—2020 年基金项目数量与经费总额

从项目数量和项目金额两方面来看，能源互联网总体上的资助力度在过去 10 年中持续增长，这表明世界各国对该领域研究的关注度不断提升。

2.1.2　主要国家研究项目与资助趋势

1. 主要国家研究现状差异

项目数量和总金额排名前 10 的国家（地区）如图 2-2 所示。该图从项目数量、总金额和每个项目的平均金额 3 个方面展示不同国家（地区）在能源互联网领域对相关研究项目资助的差异性。

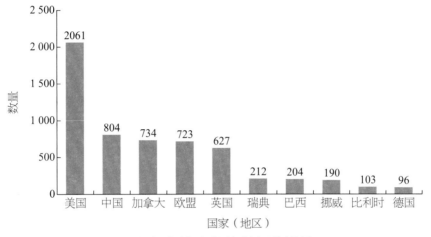

（a）主要国家（地区）基金项目数量

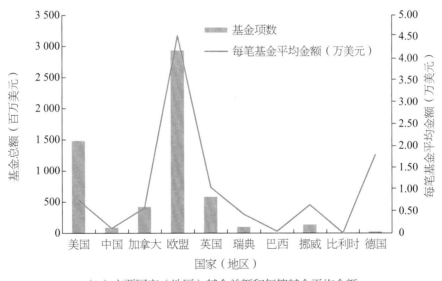

（b）主要国家（地区）基金总额和每笔基金平均金额

图 2-2　2011—2020 年基金项目数量排名前 10 的国家（地区）

2011—2020 年，美国共资助了 2 000 多个能源互联网研究项目，处于世界领先地位。其次是中国、加拿大和欧盟，分别资助了 804 个、734 个和 723 个研究项目。在资助金额方面，欧盟处于领先地位，在能源互联网领域共支持了超过 29 亿美元的项目。紧随其后的是美国、英国和加拿大。需要注意的是，不同国家之间存在较大的差距。目前，只有欧盟和美国项目总经费超过 10 亿美元。中国在总经费上排在第 7 位，平均每项资助经费排第 8 位。

欧盟的每个项目平均经费最高，超过了 400 万美元。其中，德国、英国均达到了百万美元级别。此外，德国虽然在项目数量上排名仅为第 10 位，但每个项目的平均经费排名第 2。这说明不同国家对能源互联网项目的管理制度不同，项目数量少并不意味着科研水平低。

由于基金分析数据只纳入了中国国家自然科学基金，所以对于中国的数据分析，项目平均经费更有参考意义。通过不同国家的平均值比较看出，中国国家自然科学基金的资助强度弱于欧美国家。

2. 主要国家研究情况的年度变化趋势

图 2-3 清晰地展示了能源互联网项目数量排名前 11 位的国家（地区）年度变化趋势。

美国一直处于领先地位，2011—2015 年，美国项目总数不断增加，2015 年达到顶峰。2015—2020 年，能源互联网项目总数震荡下降，但它仍然是世界上能源互联网项目最多的国家。

2011—2018 年，中国的能源互联网项目数量持续增长。2013 年，中国超过欧盟成为能源互联网项目数量第二多的国家，仅在 2015 年被加拿大超越。2019 年以后，由于中国国家自然科学基金数据未公开，故基金项目数为 0。

加拿大的能源互联网项目数量在 2012—2015 年持续增长，2015 年达到峰值。虽然2015 年之后能源互联网项目总量发生了巨大变化，但到 2019 年为止，加拿大仍是能源互联网项目数量第三的国家。

虽然其他国家的能源互联网项目数量变化不大，但仍呈现上升趋势，这表明近年来世界各国越来越重视能源互联网领域的科学研究。

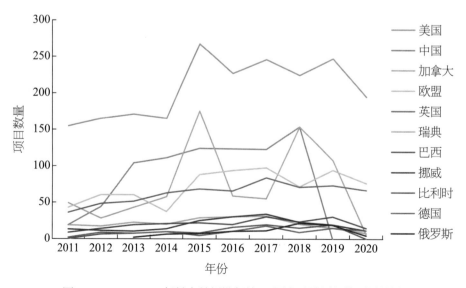

图 2-3　2011—2020 年基金总额排名前 10 国家（地区）的项目数量

2.1.3　国际排名前 10 的资助单位 / 机构

　　按能源互联网相关项目数量计算的国际前 10 名资助单位 / 机构见图 2-4。从统计结果上来看，美国国家科学基金会资助的能源互联网项目数量最多，中国国家自然科学基金委紧随其后。除了美国国家科学基金会之外，美国能源部在这方面也发挥了重要作用。但就资助总额而言，欧盟"地平线 2020 框架计划"是最大的出资项目，其次是欧盟"第七框架计划"，美国能源部是第三大资助方。就每个项目的平均资助金额而言，"第七框架计划"是最大的资助方，其次是"地平线 2020 框架计划"，这两个项目处于绝对领先地位。

图 2-4　2011—2020 年基金项目排名前 10 的资助单位

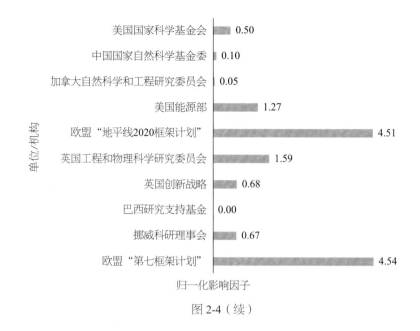

图 2-4（续）

国际排名前 10 的资助单位/机构的简介如下：

美国国家科学基金会（NSF）是美国独立的联邦机构之一，相当于中国国家自然科学基金委，成立于 1950 年。通过对基础科学研究计划的资助、改进科学教育、发展科学信息和增进国际科学合作等办法促进美国科学的发展。美国国家科学基金的计划分为基础研究计划、科学教育计划、应用研究计划、有关科学政策的计划、国际合作计划 5 类。

中国国家自然科学基金委（NSFC），由中华人民共和国国务院于 1986 年批准成立，旨在改革中国科技体制，变革科研经费拨款方式，为推动科学研究和学术交流提供经费资助。国家自然科学基金委聚焦基础、前沿、人才，注重创新团队和学科交叉，是支持基础研究的主渠道。在"双碳"目标下，中国国家自然科学基金委资助了一系列与能源互联网相关的科研项目。

加拿大自然科学和工程研究委员会（NSERC），创建于 1978 年，是为全加拿大科学和技术的发展进行战略性投入的国家机构。其通过研究基金的形式资助大学的基础研究项目，通过建立产学联合支持项目研究，同时也资助为培养这两个领域中高水平人才而进行的专业培训项目。加拿大自然科学和工程研究委员会对人才培养、科学发现和创新进行投入，以增强加拿大的科技实力。

美国能源部（USDOE）建立于 1977 年，是美国联邦政府的一个下属部门，整合了能源研究和开发管理局、美国能源管理局及联邦动力委员会的职能。其职责包括实施协调统一的国家能源政策，建立和实施统一的节能战略，开发太阳能、地热能和其他可再生能源，以确保最低合理成本的、充足可靠的能源供应。

欧盟"地平线 2020 框架计划"（H2020）是欧盟委员会于 2013 年 12 月 11 日批准实施的一项科研规划方案，内容主要包括 3 个方面：基础研究、应用技术、应对人类面临的共同挑战。该计划几乎囊括了欧盟所有类型的科研项目，其主要目的是整合欧盟各国的科研资源，提高科研效率，促进科技创新，推动经济增长和增加就业。

英国工程和物理科学研究委员会（EPSRC）创建于 1993 年，是英国工程和物理科学研究的主要资助机构，主要投资医疗保健技术和结构工程、制造、数学、先进材料及化学等一系列领域。

英国创新（Innocate UK）战略是英国研究与创新（UKRI）的下属机构，旨在建立优秀创新生态来帮助公司进行新产品流程和服务的开发与商业化，以实现效益增长。英国政府的愿景是到 2035 年将英国发展成为全球创新中心。

巴西研究支持基金（FAPESP）是促进该国科学和技术研究的主要机构之一，它的年度预算相当于国家总税收收入的 1%，资助科学技术的研究、交流和传播。其资助范围几乎涵盖所有领域，如生物科学、健康科学、精确和地球科学、工程、农业科学、应用社会科学、人文科学、语言学、文学和艺术。

挪威科研理事会（NFR）于 1992 年成立，主要目标是加强和提高社会的全面知识水平，并为挪威各部门的科技改革创新和发展作出贡献。在工业和能源方面重点资助可持续发展的相关研究。通过对工业和相关服务型企业的研究与开发项目的资助，促进社会财富的创造并保障资源的有效利用和保护环境。

欧盟"第七框架计划"是欧盟投资最多的全球性科技开发计划，于 2007 年启动，总预算达 505.21 亿欧元。欧盟"第七框架计划"是当今世界上最大的官方重大科技合作计划，其研究以国际前沿和竞争性科技难点为主要内容，具有研究水平高、涉及领域广、投资力度大、参与国家多等特点。

2.1.4　资助金额排名前 10 的研究项目

从开始资助的年份来看，前 10 名的大部分项目都是在 2016 年之后开始资助的，这表明近年来研究机构开始将注意力集中在能源互联网领域。

从表 2-1 中可以看出，加拿大自然资源部自 2011 年起就对能源互联网领域给予了极大的关注，投资超过 1 亿加元。自 2016 年以来，欧盟和美国增加了对能源互联网领域的投资。加拿大自然资源和"地平线 2020 框架计划"都分别资助了能源互联网领域十大项目中的 3 个。表 2-1 表明，加拿大和欧盟非常重视能源互联网领域的研究。

表 2-1　2011—2020 年资助金额排名前 10 的研究项目

标　　题	资　助　者	金额(百万)	货　币	开始年份
先进生物能源和生物产品创新中心	美国能源部	82.68	美元	2017
芬迪湾的潮汐能源项目	加拿大自然资源部	50.70	加币	2011
魁北克互动智能电网区示范	加拿大基础能源科学	49.80	加元	2011
仿生能源科学中心	美国能源部	40.00	美元	2018
美国国家科学基金超广域弹性电能传输网络工程研究中心获奖	美国国家科学基金	37.16	美元	2011

标　题	资 助 者	金额(百万)	货　币	开始年份
通往具有竞争力的欧洲微型燃料电池热电联产的途径	欧盟"地平线 2020 框架计划"	33.93	欧元	2016
离网智能电网的部署	加拿大自然资源部	46.24	加元	2019
具有广泛复制和可扩展潜力的欧洲先进智能电网解决方案的大规模演示	欧盟"第七框架计划"	25.56	欧元	2011
连接智能家庭、建筑和电网可互操作的解决方案	欧盟"地平线 2020 框架计划"	30.00	欧元	2019
毫米智能电力和电力分流试验线	欧盟"地平线 2020 框架计划"	28.05	欧元	2017

资助金额排名前 10 的研究项目简介如下：

先进生物能源和生物产品创新中心（CABBI）项目与仿生能源科学中心（CBES）项目都是由美国能源部（USDOE）资助的生物能源项目。先进生物能源和生物产品创新中心项目由伊利诺伊大学厄巴纳—香槟分校领衔，通过整合基因组学、生物系统设计和计算方面的最新研究，开发新的方法来种植、转化和销售基于生物质的燃料和其他产品。该中心旨在预测未来生物产品的原料组合、土地类型和市场条件，从而支持这些生物产品可持续发展。仿生能源科学中心项目是一个通过设计模拟人类在生物系统中观测到的特性结构来开发软材料的能源前沿研究中心。该中心致力于提升分子中编码转换能量形式的能力，实现以生命体特有方式的自主移动，解决软材料合成设计中的重大挑战，通过化学设计和合成并结合工程实践来创造新的功能材料与系统。

加拿大自然资源部（NRC）重点资助了芬迪湾的潮汐能源项目和离网的智能电网部署项目。芬迪湾的潮汐能源项目是芬迪海洋能源研究中心（FORCE）利用芬迪湾的高潮汐，建造、运营和测试潮汐涡轮机，研究潮汐流内能量转换设备的部署、安装和操作。该项目资金主要用于设计和建造陆上与海上基础设施，以及开发芬迪先进传感器技术，建设了北美第一个潮汐能示范工程。离网的智能电网部署项目旨在将先进的自动化技术用于 16 个偏远的土著社区，部署微电网控制系统和电池储能系统（BPSS），并整合可再生能源同时提高火力发电厂的性能。项目旨在减少偏远的北部社区对柴油的依赖和碳足迹，同时改善空气质量，降低健康风险。

魁北克互动智能电网区是加拿大自然科学和工程研究委员会（NSERC）资助能源互联网相关的示范项目，该项目旨在通过集成的实时无功功率控制，从而在不影响用户用电质量的同时降低能耗和配电网损耗，以提高配电网的能源效率和性能。

超广域弹性电能传输网络工程研究中心项目由美国国家科学基金（NSF）资助，旨在建立一个全国性或全大陆范围的输电网，通过全面监控和实时动态控制来实现高效率、高可靠性、低成本、更好地适应可再生能源，并且能够充分利用储能和适应响应负载。

欧盟"第七框架计划"资助了通往具有竞争力的欧洲微型燃料电池热电联产市场的途径（PACE）项目，通过促进微型燃料电池热电联产市场发展，使产品制造商能够走向产业化，让家庭用户从这种家庭能源系统中受益，并吸引建筑专业人士和更广泛的能源社区参与到国家层面的市场发展。

欧盟"地平线 2020 框架计划"资助了 GRID4EU 项目、InterConnect 项目和 R3-PowerUP 项目。GRID4EU 旨在实际环境中测试创新概念和技术，侧重于提升配网运营商（DSO）电力供和需的动态管理能力，以最大限度地整合分布式能源（DER），并让消费者成为能源消费的积极参与者，从而能够帮助消除欧洲智能电网部署的障碍。在 Inter Connect 智能家居、建筑物和电网互联的解决方案项目中，有 51 个欧洲国家和组织参与对电力系统数字化的开发和研究。该项目进行了基于物联网（IoT）的家庭、建筑物和电网的数字化开发。通过包含基于 SAREF 等开放标准的数字技术（人工智能、区块链、云和大数据），确保设备、系统之间的互操作性以及用户数据的隐私 / 网络安全，为住宅或非住宅建筑中的能源用户、制造商、配电网运营商和能源零售商贡献新的解决方案。R3-PowerUP 项目推出了全新一代 300 毫米的智能电力和电力分流测试线的欧洲智能电力微电子技术设施，该项目将为欧洲工业贡献具有创新和竞争力的解决方案。

2.2　能源互联网研究人员

2.2.1　能源互联网学术研究人员

1. 研究人员年度变化趋势

除了项目资金支持外，研究人员的数量增长也是推动能源互联网发展的重要力量。图 2-5 展示了能源互联网领域研究人员的年度变化趋势。其中，活跃研究人员是指自 1996 年起发表 10 篇以上（含 10 篇）论文，并在过去 5 年内至少发表 1 篇论文的作者，或在过去 5 年内发表 4 篇以上（含 4 篇）论文的作者。

图 2-5　2011—2020 年学术研究人员数量

通过对能源互联网领域发表论文的作者数量进行统计，并删去重复作者可得，2011—2020 年共有 177 354 位作者在能源互联网领域发表至少 1 篇文章，且作者数量持续增长，2011—2020 年的复合年均增长率（Compound Annual Growth Rate, CAGR）为 17%。期间的活跃研究人员共计 45 998 人，且数量也在不断增长，2011—2020 年的复合年均增长率为 16%。这表明能源互联网领域在 2011—2020 年越来越受研究人员的关注。

2. 活跃作者的年度变化趋势

图 2-6 展示了按照百分比统计的能源互联网领域活跃作者占所有作者份额的年度变化趋势。由图可知能源互联网领域 2011—2020 年活跃作者占比 40%~55%，这印证了能源互联网是当前热点的研究领域。同时，图中占比呈现出先上升后下降的趋势，在 2016 年达到峰值，但在 2017—2019 年占比略有下降。这可能与越来越多的以研究生为代表的初级研究人员加入该领域有关，使得研究人员的总数快速增长，而活跃作者数量的增长相对较慢。但应当指出的是，能源互联网领域活跃研究人员的绝对数量仍在增长。

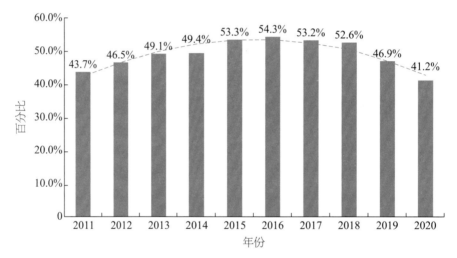

图 2-6　2011—2020 年活跃作者所占比例

3. 主要国家研究人员的年度变化趋势

图 2-7 展示了主要国家在能源互联网领域的研究人员数量，中国的研究人员数量遥遥领先，美国紧随其后。2011—2020 年，中国在能源互联网领域的研究人员数量增长显著，无论是该领域的研究人员总数还是活跃的研究人员数量都有巨大的提升，累计 60 227 名作者发表过至少 1 篇与能源互联网领域相关的论文，在所有国家中排名第 1。在所有作者中有 14 227 名是该领域活跃的研究人员。

由图 2-7 可以看出，中国的活跃研究者在研究人员总数的占比为 23.6%，仅高于日本的 23.01%。这一比例较低，说明了与其他国家相比，中国大量的初级研究人员涌入能源互联网领域。这也侧面表明了国内学者对能源互联网领域的关注越来越多。

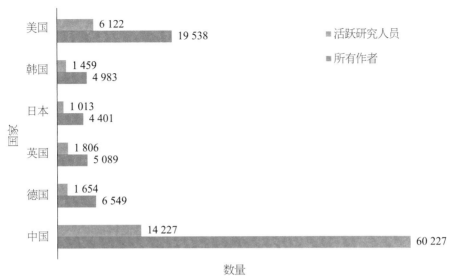

图 2-7　2011—2020 年主要国家作者和活跃研究人员数量

　　由图 2-8 可知，2016 年前后，中国能源互联网领域的作者和活跃研究人员数量持续激增，这与 2016 年国家发展改革委、国家能源局、工信部印发的《关于推进"互联网＋"智慧能源发展的指导意见》推动建设智能化能源生产消费基础设施，加强多能协同综合能源网络建设，推动能源互联网的关键技术攻关有关。除中国外，美国在该领域的总研究人员数量和活跃作者数量都有同样显著的增长，其他国家总体增长缓慢。

　　如图 2-9 所示，中国能源互联网领域研究人员数量的复合年增长率居世界领先水平，除日本外，其他主要国家能源互联网领域研究人员的复合年增长率保持在 10%~15% 之间。每个国家的研究人员数量都在增长，说明全球越来越多的学者都在关注能源互联网并开展相关研究。

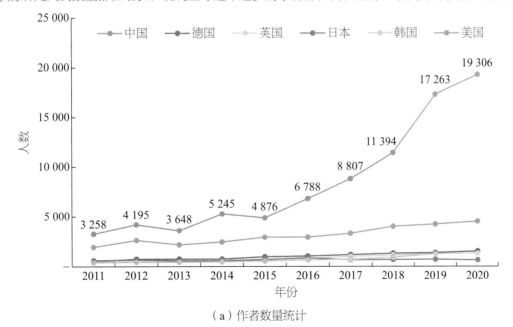

（a）作者数量统计

图 2-8　2011—2020 年主要国家作者数量统计和活跃研究人员数量统计

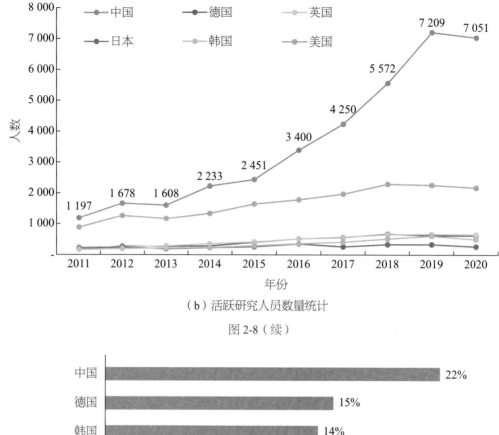

（b）活跃研究人员数量统计

图 2-8（续）

图 2-9　2011—2020 年主要国家研究人员数量复合年增长率

2.2.2 能源互联网专利申请人

1. 专利申请人年度变化趋势

图 2-10 展示了 2011—2020 年国际能源互联网领域的专利申请机构数量变化趋势。可以看出，申请机构的数量在 10 年间呈不断增长的趋势。2011 年，专利申请机构数量为 2 344，到 2020 年为 6 988，未来可能呈现持续增长的趋势。2011—2015 年增长速度不断加快，而 2016—2020年的总体增长量大幅度超过前 5 年。总体来看，全球范围内近 5 年涌现出更多的研究机构投入能源互联网领域的研究和专利技术开发中去，引发了该领域的专利申请热潮。

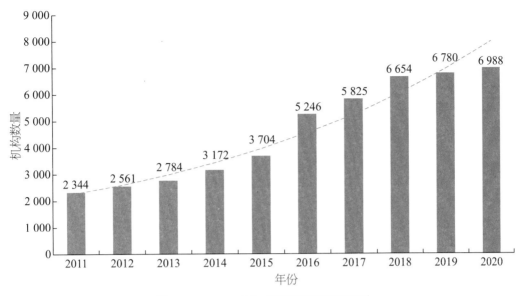

图 2-10　2011—2020 年专利申请机构数量

　　表 2-2 为 2011—2020 年能源互联网领域全球前 50 的专利申请机构排名。在排名前 50 的专利申请机构中可以看到，中国国家电网公司排名第 1，排名前 5 的申请机构中有两家机构来自中国，同时，国内多家地方电网公司、研究院和企业也排名在列。此外，国内的华北电力大学、清华大学等高校同样在专利主要申请机构排名中。

表 2-2　2011—2020 年专利数量排名前 50 的申请机构

排　　　名	申 请 机 构	排　　　名	申 请 机 构
1	中国国家电网公司	20	清华大学
2	丰田自动车株式会社	21	村田制作所株式会社
3	株式会社 LG 化学	22	OPPO 广东移动通信有限公司
4	中国电力科学研究院有限公司	23	比亚迪股份有限公司
5	三星电子株式会社	24	三星 SDI 株式会社
6	西门子公司	25	乌本产权有限公司
7	现代自动车株式会社	26	ABB（瑞士）股份有限公司
8	罗伯特·博世有限公司	27	国电南瑞科技股份有限公司
9	高通股份有限公司	28	东南大学
10	通用电气公司	29	三菱电机工程技术株式会社
11	LG 新能源株式会社	30	索尼公司
12	华北电力大学（保定）	31	通用汽车环球科技运作有限责任公司
13	松下知识产权经营株式会社	32	本田技研工业株式会社
14	江苏省电力公司	33	日立制作所株式会社
15	福特全球技术公司	34	宝马股份公司
16	东芝株式会社	35	半导体能源研究所株式会社
17	LG 电子株式会社	36	日产自动车株式会社
18	起亚自动车株式会社	37	电装株式会社
19	照阳科技股份有限公司	38	CPS 科技控股有限公司

续表

排　名	申请机构	排　名	申请机构
39	韦特里西提公司	45	上海交通大学
40	国网上海市电力公司	46	南方电网科学研究院有限责任公司
41	华为技术有限公司	47	奥迪股份公司
42	浙江大学	48	日本电气株式会社
43	国网浙江省电力有限公司	49	苹果公司
44	天津大学	50	国网天津市电力公司

总体来看，在中国范围内涌现出了来自高校、企业、研究院等和能源互联网相关行业的专利申请机构，并且能够跻身进入主要专利申请机构的排名之中，这说明能源互联网领域的研究得到了全国范围的广泛关注。

图 2-11 展现了 2011—2015 年能源互联网领域全球专利申请前 20 名的机构。数据显示，

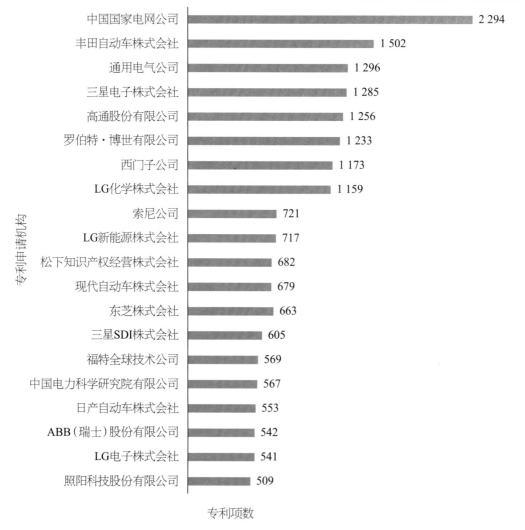

图 2-11　2011—2015 年排名前 20 的专利申请机构

在这些申请机构中，排名第 1 的是中国国家电网公司，专利数量高达 2 294 项，远远超过排名第 2 的丰田自动车株式会社。总体上，前 20 名的机构专利产出数量在 500~1 500。在整个排名中，仅有两家申请机构来自中国。可以看出，2011—2015 年，中国在能源互联网领域正处在探索和发展阶段。

图 2-12 给出了 2016—2020 年国际上能源互联网专利申请数量排名前 20 名的机构。数据显示，在这些申请机构中，排名第 1 的仍然是中国国家电网公司，专利数量高达 5 744 项，稳居首位，远超排名第 2 的中国电力科学研究院有限公司，与前 5 年相比申请的专利数量增长了 1 倍多。中国电力科学研究院有限公司 5 年间排名上升了 14 名，数量增加了 718 项，发展迅速。总体上，前 20 名的机构专利产出数量在 500~1 200 项左右，与前 5 年相比变化不大。但可以发现，在 2016—2020 年，来自中国的机构数量大幅增加，而且相对排名靠前。从整个排名中可以看出，2016—2020 年，越来越多来自中国的机构投入能源互联网领域的专利研发之中，这说明中国对能源互联网领域发展的重视。

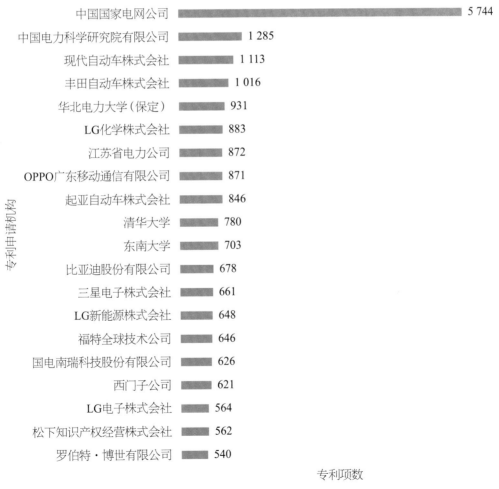

图 2-12 2016—2020 年排名前 20 的专利申请机构

2. 主要国家专利申请年度变化趋势

图 2-13 展示了 2011—2020 年主要国家的能源互联网领域专利申请机构数量变化趋势，涵盖了中国、美国、日本、欧洲专利局、韩国等 10 个主要国家（组织）的数据。其中，中国在 10 年间的专利申请机构数量变化最为突出。2013 年之前，美国在该领域的专利申请机构数量处于领先地位，但在 2011—2015 年，中国的专利数量开始呈逐渐上升趋势并在 2013 年超越美国后遥遥领先，2016—2018 年呈快速上升趋势，虽然 2019 年略有下降，但总体保持不断发展的趋势。相比之下，其他主要国家（组织），如日本、欧洲专利局、韩国，在 2011—2019 年申请机构数量略有增加但不显著，并在 2019—2020 年出现了下降。

与美国相比，中国在能源互联网领域专利申请机构数量增长速度惊人，这可能得益于近 10 年来国家对"互联网 +"智慧能源发展的指导和引领，使得越来越多的研究机构放眼能源互联网专利技术的申请。

图 2-13　2011—2020 年主要国家（组织）专利申请机构数量

2.2.3　学术研究人员和专利申请人数量对比

能源互联网领域，研究人员的数量变化和专利申请机构的数量变化可以反映该领域受研究人员的关注程度。图 2-14 数据显示，能源互联网相关研究产出的作者数量一直在增长，其中，活跃的研究人员也在不断增长，在能源互联网领域，约 40%~55% 的作者是活跃的研究人员；而关于专利申请机构的数量在 10 年间也呈不断增长的趋势，其中 2016—2020 年的总体增长速度比 2011—2015 年高，近 5 年来越来越多的研究机构投入能源互联网领域的研究中去。

图 2-14　2011—2020 年学术研究人员和专利申请机构数量

在能源互联网领域，中国的研究人员数量与其他主要国家相比处于遥遥领先的地位，其次是美国。2011—2020 年，无论是该领域的研究人员总数还是活跃的研究人员数量，中国在能源互联网领域的研究人员数量都有巨大的增长。但值得注意的是，在研究者人数较多的几个国家中，中国活跃研究者数量占研究人员总数的 23.6%，略高于日本的 23.01%。同时，可以看到 2016 年前后研究人员激增，这和 2016 年中国颁布的《关于推进"互联网 +"智慧能源发展的指导意见》等一系列指导性政策相关。此外，除了美国，其他国家的研究人数总体增长比较缓慢。

在国际能源互联网领域产出前 20 名的机构中，中国国家电网公司名列前茅，远超排名第 2 的丰田自动车株式会社；同样，对于能源互联网领域全球专利转让排名来说，前 10 的主要申请机构的地域分布主要集中在中国、美国和日本。

总体来看，中国与其他国家相比，在近年来有大量的初级研究人员涌入能源互联网领域，且在该领域里对专利产出的贡献领先于其他国家，这表明，国内学界和研究机构在能源互联网领域中学术研究的不断推动和探索在国际广泛关注下中国在能源互联网的研究中能够占领一席之地。还值得提出的是，2016 年中国能源互联网相关政策的确是该领域研究的一大推力，因此，持续且充分的创新助推政策与方针将是进一步提升中国在这一领域创新力并巩固第一梯队的重要抓手。

2.3　本章小结

当前，能源互联网正在向多元化、规模化发展。能源互联网的发展需要持续充足的资金投入和大量的研究人员参与来推动。本章从资助项目和研究人员两个角度研究了国际能源互联网发展的主要驱动力量。研究表明：2011—2020 年，各国对能源互联网领域的投入逐年增加。与此同时，能源互联网领域吸引越来越多的研究人员参与其中。中国和美国是推动能源互联网技术发展的核心力量，其中，中国的能源互联网领域研究人员数量遥遥领先于其他国家，两国的成果产出数量大幅领先其他国家。韩国、德国和日本等发达国家虽然整体数量无法与中、美相比，但其部分机构仍具有良好的技术积累与强劲的竞争力。各国能源互联网的发展水平一方面受到国家体量、经济发展等因素影响，另一方面也与国家对相关领域的重视程度有密切关系。

第 3 章

能源互联网研究热点

近年来，能源互联网的快速发展吸引了越来越多的研究人员，能源互联网已成为一个非常热点的研究领域。能源互联网领域的学术出版物与专利产出不仅数量众多，而且影响广泛。本章从关键词、成果产出量高的热点主题及成果产出增长快的潜力主题等多个方面展开分析，从时间以及国家等维度探讨能源互联网在不同时期存在的变化，并对比主要产出国家在该领域的发展趋势。

从图 3-1 可以看出，能源互联网是一个高度交叉和集成的领域，涉及多个学科方向。根据爱思唯尔检索体系与分类标准，一级学科方向主要包括工程、能源、计算机科学、数学、环境科学、材料科学、物理与天文学等。产出前 3 的一级学科方向是工程、能源和计算机科学，分别占能源互联网领域出版物的 30.4%、27.0% 和 17.3%。

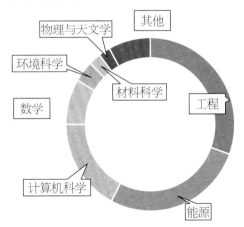

■工程 ■能源 ■计算机科学 ■数学 ■环境科学 ■材料科学 ■物理 ■其他

图 3-1　能源互联网研究的一级学科方向

图 3-2 展示了能源互联网出版物数量排名前 15 所属的学科，一份出版物可能属于多个学科方向。

在工程、能源、计算机科学和数学等学科方向中，有关能源互联网的出版物数量众多，超过 1 亿篇，这也反映了能源互联网是当前的热点研究方向。

在社会科学、化学等学科方向中，能源互联网出版物均有涉及，但产出数量相对较低。这说明，能源互联网领域涉及的学科方向非常广泛，但其研究重点较为聚焦。

图 3-2　按学科分类的出版物数量

基于二级学科能源互联网的出版物数量排名，以超过 1 000 的出版物数量为过滤条件，可以进一步获得能源互联网领域的主要二级学科，其百分比分布如图 3-3 所示，各学科方向的学术出版物产出数量见表 3-1。

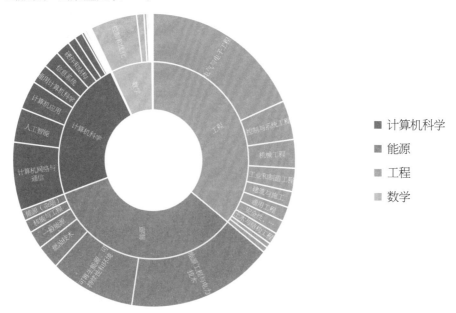

图 3-3　能源互联网研究的二级学科方向

表 3-1 能源互联网研究的二级学科学术产出数量

一级学科	二级学科	能源互联网学术产出数量
计算机科学	计算机网络与通信	19 646
	人工智能	10 041
	计算机应用	8 360
	通用计算机科学	5 724
	信息系统	5 148
	硬件和结构	4 480
	软件	2 479
	信号处理	2 402
	计算机视觉与模式识别	977
	人机交互	747
	计算理论与数学	561
	计算机科学(杂项)	529
	计算机图形学和计算机辅助设计	174
能源	能源工程与电力技术	43 757
	可再生能源、可持续性和环境	25 621
	燃油技术	6 992
	一般能源	5 284
	核能与工程	3 720
	能源(杂项)	3 392
工程	电气与电子工程	48 442
	控制与系统工程	11 283
	机械工程	8 261
	工业和制造工程	6 616
	建筑与施工	4 624
	通用工程	4 210
	安全性、风险、可靠性和质量	4 027
	土木与结构工程	3 353
	汽车工程	1 420
	航空航天工程	391
	媒体技术	342
	材料力学	276
	生物医学工程	206
	建筑	203
	工程(杂项)	126
	计算力学	24
	海洋工程	15
数学	控制和优化	14 197
	建模和仿真	2 201
	应用数学	836

续表

一级学科	二级学科	能源互联网学术产出数量
数学	理论计算机科学	778
	普通数学	586
	计算数学	223
	统计与概率	98
	数值分析	47

总体而言，工程（图 3-3 灰色部分）、能源（图 3-3 橙色部分）和计算机科学（图 3-3 蓝色部分）3 个学科方向的二级学科有关能源互联网主题的出版物发表数量占总数量的大部分。

在工程学科方向中，"电气与电子工程"发表论文数量最多，达 48 442 篇，远高于其他学科方向；在能源学科方向中，"能源工程与电力技术"主题的出版物数量优势明显，共计 43 757 篇，"可再生能源、可持续性和环境"主题的出版物也占较大份额，达到 25 621 篇；在计算机科学学科方向中，"计算机网络与通信"主题的能源互联网主题的出版物数量最多，达到 19 646 篇，其次是"人工智能"，数量为 10 041 篇。这些数据表明，能源互联网研究的覆盖面广泛，且研究重点聚焦、突出。

"控制和优化"等二级学科方向的能源互联网出版物发表数量占据一定比例，这表明了当前能源互联网领域研究兴趣的多样性。

能源互联网领域学科方向多，涉及领域广，具有很强的交叉性。后续本章将从词云图、高产出主题和高增长主题 3 个方面展示能源互联网领域的研究重点和研究人员的主要研究方向。

3.1　能源互联网研究词云图

3.1.1　学术相关度排名前 50 的关键词

本节从能源互联网学术相关度排名前 50 的关键词出发，通过绘制词云图，分析 2011—2017 年、2018—2020 年两个时期能源互联网发展变化。

图 3-4 和图 3-5 分别为 2011—2017 年和 2018—2020 年能源互联网领域相关度排名前 50 的关键词。图中，关键词颜色表示 2018—2020 年相比于 2011—2017 年的相关度趋势变化：蓝色关键词表示下降趋势；黄色关键词表示在 2018—2020 年中已消失，绿色关键词表示上升趋势；红色关键词表示在 2018—2020 年新出现，灰色关键词表示无变化。

2011—2017 年，"Microgrid"和"Smart Grid"是能源互联网中最相关的话题，其次是"Electric Power Transmission Network""Distributed Power Generation"和"Demand Response"。然而，在 2018—2020 年，"Smart Grid""Electric Power Distribution""Distributed Power Generation"等关键词词频呈现下降趋势，表明相关研究人员对这些领域的研究兴趣减弱。

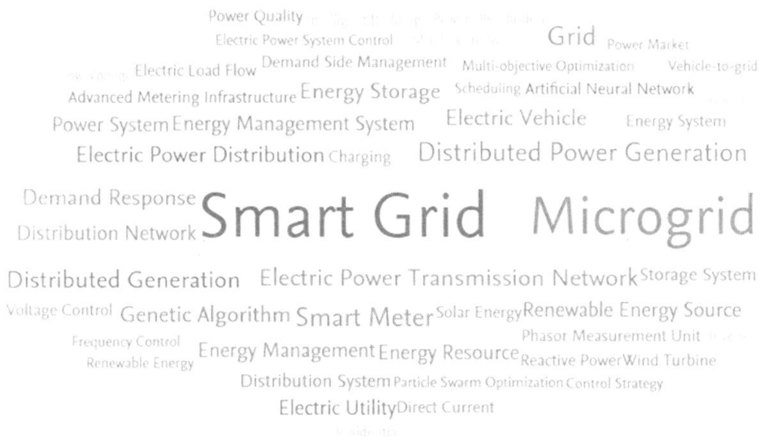

图 3-4　2011—2017 年能源互联网相关度排名前 50 的关键词

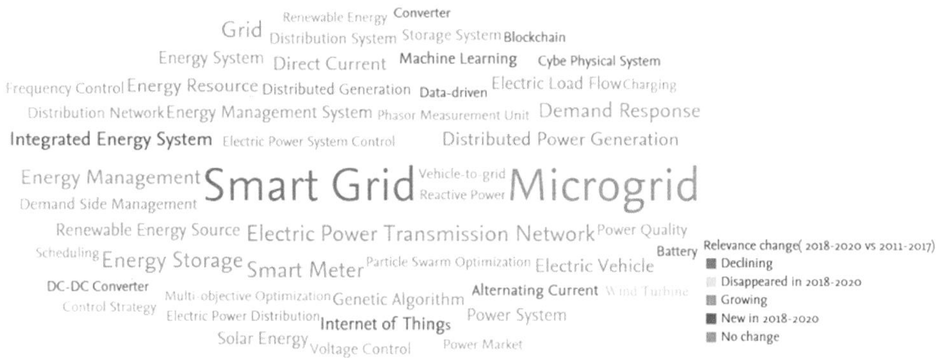

图 3-5　2018—2020 年能源互联网相关度排名前 50 的关键词

与 2011—2017 年相比，出现了一些新的关键词（图 3-5 红色部分），如 "Integrated Energy System" "Machine Learning" "Internet of Things" "Alternating Current" "Data-driven" "Battery"，这表明研究人员对该领域的研究兴趣逐渐增强，在一定程度上也预示着能源互联网未来发展方向。

一些 2011—2017 年的热点关键词并没有出现在 2018—2020 年的热点关键词图中，如 "Low Voltage" "Intelligent Building" "Multi-agent System" 等，表明该方向的关注度显著下降。

在 2011—2017 年，大部分关键词都与电力系统领域呈现出强相关性，而在 2018—2020 年，关键词呈现多样化，除了电力系统领域，还包括综合能源系统、互联网等领域。

总体而言，能源互联网领域众多关键词的关联性正在逐渐增强（图 3-5 绿色部分），如 "Energy Storage" "Smart Meter" "Renewable Energy Source" "Electric Vehicle"，表明这些都是能源互联网领域的主要研究内容，也是当前的热点研究方向。

3.1.2 学术顶级资助单位资助项目名称词云图

美国国家科学基金会和中国国家自然科学基金委资助的项目有很强的一致性（见图 3-6），特别是在"smart grid""renewable energy""application"和"power system"4 个方面表现得很明显。

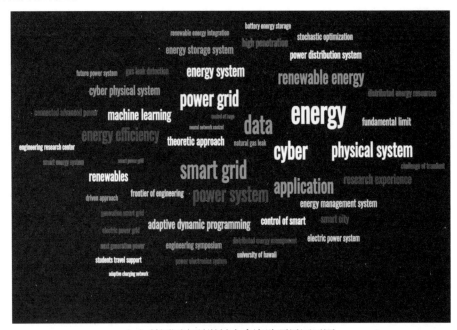

（a）美国国家科学基金会资助项目词云图

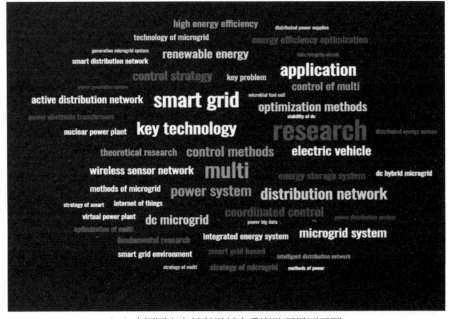

（b）中国国家自然科学基金委资助项目词云图

图 3-6　美国国家科学基金会和中国国家自然科学基金委资助项目词云图

3.1.3 专利相关度排名前 20 的关键词

表 3-2 给出了国际能源互联网专利申请领域的前 20 关键词。这些关键词与"电"联系密切，与"新能源"相连接，体现出国际能源互联网以清洁能源为主导，以电为中心的能源格局。

表 3-2　2011—2020 年专利相关度排名前 20 的关键词

排　　名	关　键　词	排　　名	关　键　词
1	电动汽车	11	无线电力传输
2	控制单元或系统	12	电解质
3	电池	13	电连接
4	无线充电	14	储能
5	逆变器	15	传感器
6	电网	16	接收器
7	转换器	17	充电站
8	发射器	18	太阳能
9	电力系统	19	分布式系统
10	发电机	20	电动机

排名第 1 的关键词是"电动汽车"，现阶段随着政策的大力支持，电动汽车领域的研究不断深入，推动了车并网等技术的不断进步，全球新能源汽车数量得到飞速发展。电动汽车保有量的增长也随之带来关于车辆充电的问题，这也促进了"电池"以及"充电站"等领域的研究与探索。随着未来电动汽车的普及，应用电动汽车与电网互动的技术及装置的规模效应必将凸显，成为推动能源互联网发展的重要元素。

"逆变器""电网""电力系统""太阳能"以及"分布式系统"等关键词与清洁能源发电技术密不可分，表明了清洁能源技术研究是国际能源互联网研究人员的关注热点。随着世界各国能源发展目标的相继提出，绿色清洁能源是能源互联网发展的重要主体，也是能源发展的大势所趋。世界各国在该领域积极探索并申请专利，对国际能源互联网的发展起到了积极作用。

关键词"发射器""接收器"以及"传感器"是信息通信技术的具体体现，表明国际能源互联网研究在信息通信技术领域取得了成果，并以专利申请的方式得以呈现。信息通信技术是构建能源互联网不可或缺的基础和发展需要。国际上能源互联网对信息通信的安全性、实时性、可靠性要求更加严格，信息通信技术的创新与突破十分重要。

这些重点关键词体现出国际能源互联网发展的重要技术，如电源技术、电网技术、储能技术、信息通信技术等，从侧面反映了研究人员聚焦于能源互联网各技术领域的创新工作。

3.1.4　专利年度前 5 的高频关键词

为了进一步研究能源互联网的热点研究领域，本节提取出能源互联网专利申请领域的高频关键词。国际能源互联网申请专利中每年词频最高的 5 个关键词如表 3-3 所示，这些高频关键词在一定程度上反映了 2011—2020 年国际能源互联网研究领域的核心热点。

表 3-3　2011—2020 年专利申请词频前 5 的关键词

序号	2011年	2012年	2013年	2014年	2015年	2016年	2017年	2018年	2019年	2020年
1	电池系统	控制器	无线电力	无线电力	电动车辆	微电网	控制器	控制器	控制器	控制器
2	供配电装置	无线电力	接收器	接收器	电池系统	电动车辆	电池系统	电动车辆	电动车辆	电动车辆
3	控制器	接收器	电力传输	电池系统	无线充电	发电机	电动汽车	无线充电	电池系统	配电网
4	正极活性物质	发电机	电动车辆	电力传输	无线电力	控制装置	电力系统	电池系统	无线充电	电池系统
5	储能装置	电动车辆	控制器	控制器	逆变器	无线电力	无线电力	配电网	配电网	无线充电

2011—2020 年，"控制器"和"电动车辆"等关键词的词频极高，表明大量研究人员长期活跃在这些领域，积极开展相关研究工作。与此同时，国际能源互联网领域的研究焦点是动态变化的。近几年，"配电网"和"无线充电"等关键词的词频逐渐升高，这表明研究人员对该领域的兴趣增加，这些领域逐渐成为新的研究热点。

3.2　能源互联网高产出研究主题

本节通过对学术和专利的关键词进行聚类分析，得到能源互联网学术和专利的研究主题。从高产出主题、主要国家的高产出主题等角度，结合突出度百分位数、归一化影响因子等指标，分析能源互联网研究中的热点领域。

3.2.1　学术产出主题及指标

1. 前 100 名产出主题及指标分析

从前面的分析中可以得知，能源互联网出版物数量排名前 20 的主题中，大部分高产出主题来自物理科学，包括工程、能源、计算机科学等，显示出该领域的多学科性。

图 3-7 中列出了能源互联网出版物的前 6 个主题：

（1）微电网；电力共享；逆变器

（2）需求响应；需求侧管理；能源交易

（3）微电网；直流 - 直流（下称"DC-DC 转换器"）；电力共享

（4）先进的计量基础设施；智能电表；隐私保护

（5）综合能源系统；天然气网络；经济调度

（6）插电式电动汽车；车辆转电网；充电

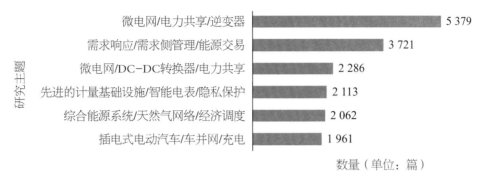

图 3-7　2011—2020 年排名前 100 研究主题的出版物数量

图 3-8 给出了 2016—2020 年能源互联网领域前 20 个产出主题的出版份额、主题突出度百分位数和归一化影响因子。上述指标的计算方法见附录。

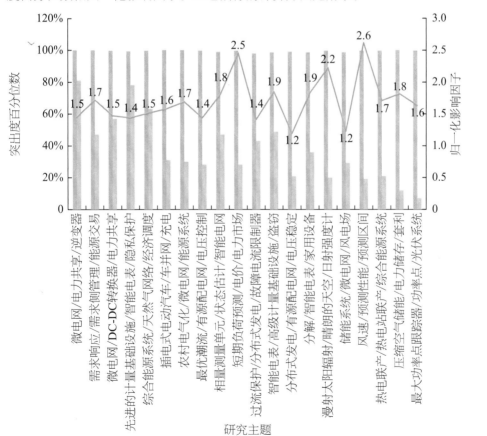

图 3-8　2016—2020 年前 20 名研究主题的发表份额、突出度百分位数和归一化影响因子

在能源互联网产出的前 20 个主题中,有 40 个主题的突出度百分位数排在全球前 1%,79 个突出度百分位数排在全球前 5%,89 个突出度百分位数排在全球前 10%,这表明能源互联网领域处于前沿研究领域,具有很高的认可度。在前 10 产出主题中有 9 个突出度百分位数排名在全球前 1%。这在一定程度上反映了能源互联网领域的研究成果具有高产出、高质量的特点,是全球优秀研究成果的重要组成部分。在高产出的主题中,大多数有高归一化影响因子(橙色线条)的能源互联网出版物是高突出度的主题(突出度百分位数大于 95),这反映了在能源互联网领域中,与热点话题相关的研究工作通常与较高的学术影响力和能源互联网领域整体研究水平相关。

2. 前 20 名产出主题及指标分析

从图 3-9 可以看出,在主题"微电网 / 电力共享 / 逆变器"中,与能源互联网相关的出版物数量最多,约 81% 的该主题相关出版物与能源互联网相关,表明该主题与能源互联网领域有很强的关联性。

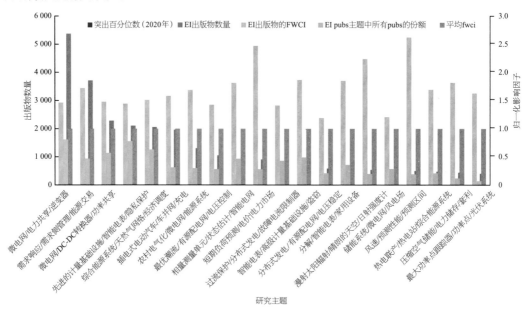

图 3-9 2016—2020 年出版物数量排名前 20 的研究主题

在上述所有高产出热点主题中,该主题能源互联网出版物的归一化影响因子值高于该主题所有出版物的归一化影响因子值,表明能源互联网出版物具有较高的学术影响力。

在能源互联网产出前 20 名的主题中,主题"风速 / 预测性能 / 预测区间"的归一化影响因子数值最高,为 2.6,表明该主题具有较高的学术影响力。

3. 前 15 名产出主题年度变化趋势分析

表 3-4 为 2011—2020 年能源互联网产出前 15 的热点研究主题,突出度百分位数超过

95。可以看出,"微电网 / 电力共享 / 逆变器"主题的能源互联网出版物数量一直排名第 1。这说明这是目前能源互联网领域最热点的研究方向。

表 3-4　2011—2020 年学术出版物数量排名前 25 的热点研究主题

主题名称	主题突出度百分位数	2011年	2012年	2013年	2014年	2015年	2016年	2017年	2018年	2019年	2020年
微电网/电力共享/逆变器	99.9	1	1	1	1	1	1	1	1	1	1
需求响应/需求侧管理/能源交易	99.9	3	4	3	3	2	2	2	2	2	2
高级计量基础设施/智能电表/隐私保护	99.3	2	3	2	2	3	3	3	4	5	6
插电式电动汽车/车辆到电网/充电	99.9	4	2	4	4	4	4	5	5	6	5
微电网/DC-DC转换器/功率共享	99.5	8	5	5	5	5	5	4	3	3	4
综合能源系统/天然气网络/能源分配	99.7				7	6	6	6	6	4	3
农村电气化/微电网/能源系统	99.9		14	14	6	13	9	7	7	7	7
最优潮流/活跃的分销网络/电压控制	99.7		12	6	13	7	7	8	8	10	9
相量测量单位/状态估计/智能电网	98.9	14	6	10	14	8	8	9	9	9	10
短期负荷预测/电价/电力市场	99.7	10		12		11	14	12	11	8	8
过流保护/分布式发电/故障电流限制器	97.9	7	10	9	9	15	11	10	10	13	12
分布式发电/活跃的分销网络/电压稳定性	98.9	6	8	8	8	9	11	11	13	14	
智能电网/配电自动化/电气开关柜	98.7						10	13	12	11	13
存储系统/微电网/风电场	98.6		12	12	12	10	13	14		12	
脉冲噪声/电源线/可编程逻辑控制器	98.4	15	8	11	10				15	14	15
漫射太阳辐射/晴朗的天空/日射强度计	93.2	5	7	7	11	12	15				
配电网/重新配置/功率损耗	99.7									15	11
风速/预测表现/预测区间继电保护/母线/奥普网	97.8	10	10	15		14	15				

主题名称	主题突出度百分位数	2011年	2012年	2013年	2014年	2015年	2016年	2017年	2018年	2019年	2020年
比特币/以太网/区块链	99.7	10									14
压缩空气储能/电力储存/套利	100.0										15
智能电网/配网自动化/电气开关	99.9								15		
联合模拟/智能电网/仿真架构	79.3	9	15								
相量测量/状态估计/智能电网	88.5										
继电保护/母线/仿真软件	95.4	10									
异步发电机/简报/速度	98.7	15									

2015 年以后，"需求响应/需求侧管理/能源交易"主题的出版物数量从第 3 位上升至第 2 位。近两年"综合能源系统""天然气网络""DC-DC 转换器"主题的能源互联网出版物数量不断增加，这表明目前能源互联网领域对综合能源系统研究方向的关注日益提升。

能源互联网领域的主题在出版物数量上呈现出稳步增长的趋势，这表明越来越多的研究人员涉足该领域。就出版物数量而言，排名前几位的主题每年变化不大，表明能源互联网领域的主要研究方向基本保持不变。近年来，"区块链"等新课题日益成为热点，显示出越来越大的研究潜力。

4. 主要二级学科产出份额分析

能源互联网领域学科方向众多，通过分析二级学科能源互联网出版物的份额，可以更加直观地获取目前能源互联网领域研究人员的主要研究方向。

2011—2020 年，在四大学科方向（能源、工程、计算机科学、数学）的范围中，将能源互联网出版物产出超 1 000 的二级学科作为统计对象。

由图 3-10 可以明显看出，能源工程与电力技术、电气工程、计算机网络与通信、控制与优化等主题的能源互联网出版物数量优势明显，它们分别隶属于能源、工程、计算机科学、数学这 4 个学科方向。

在过去的 5 年里，在能源工程和电力技术、电气工程等二级学科中，有关能源互联网的出版物份额最大，两者都接近 50%。这表明能源与工程领域是能源互联网领域的研究重点。在计算机科学学科方向中，计算机网络和通信出版物占 20% 的份额，在数学学科中，控制与优化学科的能源互联网出版物份额由极低增长为 20%，显示了当前在能源互联网领域新兴的研究热点。

与 2011—2015 年相比，在其他二级学科中，例如，通用能源、控制与系统工程、通用计算机科学，能源互联网出版物的份额变化不大，这些都是能源互联网领域普遍关注的研究方向。

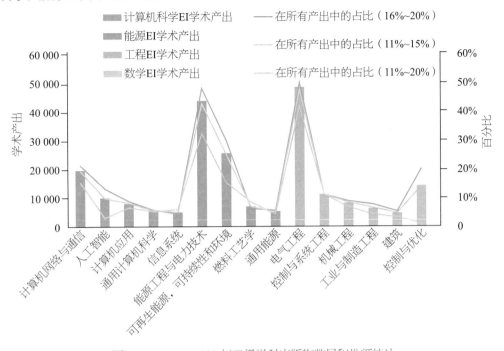

图 3-10 2011—2020 年二级学科出版物数量和份额统计

3.2.2 主要国家排名前 10 的学术研究主题

表 3-5 展示了世界部分国家（中国、美国、德国、英国、日本、韩国）能源互联网出版物数量排名前 10 的研究主题，反映出各国家在能源互联网领域研究兴趣上的一致性与多样性。表格是各国家在能源互联网产出主题的排名，表明了每个实体在该主题上的研究兴趣焦点。

中国能源互联网领域的产出主题主要集中在"微电网""逆变器""综合能源系统""天然气网络"和"经济调度"，但整体影响力较低，需要在这些领域开展更深入的研究，以提高研究成果在该领域的影响。中国在"风速""预测表现""预测区间"等方面的影响产出较高，但比例相对较小。

美国和英国排名前 10 的研究成果具有广泛的影响力，而德国在"需求响应""需求侧管理""能源交易""微电网"等主题上表现良好，韩国在"短期负荷预测""电价""电力市场"等方面的研究成果突出，在其他领域也表现出一定的竞争力。日本对"微电网"和"逆变器"的研究更加喜爱，其学术产出具有很高的影响力。

不同国家的主要研究聚焦点有所不同。总体而言，在能源互联网领域，主要国家在"微电网""逆变器""需求响应""能源交易""需求侧管理""短期负荷预测""电价""电力市场"等方面的科研成果具有较高的影响力。

表3-5　2016—2020年主要国家出版物数量排名前10的研究主题

主　题	主题突出度百分位数	中　国	德　国	英　国	日　本	韩　国	美　国
微电网/功率均衡/逆变器	99.88	1	2	2	2	1	1
综合能源系统/天然气网络/经济调度	99.74	2		6			8
需求响应/需求侧管理/能源交易	99.94	3	1	1	1	2	2
微电网/DC-DC转换器/功率共享	99.55	4	7	5		4	7
插电式电动汽车/车辆到电网/充电	99.9	5	4	4	3	7	5
高级计量基础设施/智能电表/隐私保护	99.31	6	5	3	7	5	3
相量测量单位/状态估计/智能电网	98.94	7					
风速/预测表现/预测区间	99.66	8					
存储系统/微电网/风电场	98.35	9					
短期负荷预测/电价/电力市场	99.73	10	9	8		6	9
最佳功率流/活跃的分销网络/电压控制	99.68		3		10		6
农村电气化/微电网/能源系统	99.87			8	8	8	
相量测量单位/状态估计/智能电网	95.36		9				10
纳米发电机/收割机/能量收集	99.97					3	
电压控制/无功功率/分配系统	69.33				4		
需求响应/空调/微电网	57.23				5		
固态电池/固体电解质/石榴石	99.96				6		
协同仿真/智能电网/仿真框架	88.54		6				

3.2.3　专利产出主题及指标

专利是科技创新和技术发明的重要载体，是一种重要的知识产权类型，并已成为市场参与主体在技术合作等方面的可靠筹码，是市场参与主体的重要无形资产。由于近年来对高价值专利的重视程度日益提高，能源互联网领域中的相关技术专利成果不断涌现。

分类号是专利文献的重要标识之一，是迅速有效地从大量专利文献中检索到所需技术和法律信息的重要途径之一。通过对专利所涉及的技术主题进行分类，可得到对应的分类号。本节基于联合专利分类体系（Cooperative Patent Classification，CPC），以专利的分类号为依据，对能源互联网专利产出主题分布展开分析。国际能源互联网专利申请领域的重点分类号占比如图 3-11 所示。

图 3-11　2011—2020 年专利申请的重点分类号

分类号"H02J3 交流干线或交流配电网络的电路装置 [2006.01]"占比最高，专利数量为 47 069 项，占比达到 21.73%；其次是分类号"H02J7 用于电池组的充电或去极化或用于由电池组向负载供电的装置 [2006.01]"，专利数量为 43 590 项，占比为 20.45%；所占比例较低的则是分类号"G06Q10 行政；管理 [8，2012.01] [2012.01]"，专利数量为 9 444 项，仅占 4.18%；分类号"B60L50 用车辆内部电源的电力牵引（由自然力供电的，如太阳能或风能入 B60L8/00；用于单轨车辆，悬置式车辆或齿轨铁路的入 60L13/00）[2019.01]"，相应的专利数量最少，仅为 8 561 项，占比为 4.16%。

图 3-12 给出了 2011—2020 年专利申请领域各重点分类号的专利数量。可以看出，在 2018 年之前，专利申请领域各重点分类号的专利数量整体上呈现稳步增长趋势，其中分类号"H02J3 交流干线或交流配电网络的电路装置 [2006.01]"的专利数量增长迅速，并于 2016 年超过分类号"H02J7"，成为专利数量最多的热点分类号。分类号"H02J3 交流干线或交流配电网络的电路装置 [2006.01]"、分类号"H02J7 用于电池组的充电或去极化或用于由电池组向负载供电的装置 [2006.01]"和分类号"H01M10 二次电池及其制造"的专利数量处于领先地位，这种差距随着年份增加并逐渐增大。这种趋势表明了国际上能源互联网研究在这些领域的关注程度增加。

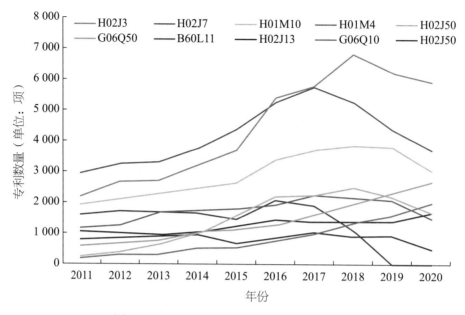

图 3-12 2011—2020 年重点分类号的专利数量统计

　　而 2018 年之后，大部分重点分类号的专利数量呈现下降趋势，由于本次检索时间截止到 2020 年，且由于专利的审查具有 3 年左右的时间滞后性，所以近两年的专利数量并不完整，预计持平或高于 2018 年的专利数量。

　　分类号"用车辆内部电源的电力牵引（B60L8/00、60L13/00 优先；用于相互或共同牵引的包含电动机和内燃机原动机的布置或安装入 B60K6/20）〔5，6，8〕"的专利数量呈现震荡下降趋势，反映出能源互联网领域相关人员在该领域的研究兴趣减弱；而分类号"G06Q50特别适用于特定商业行业的系统或方法，例如，公用事业或旅游（医疗信息学入 G16H）[2012.01]"以及分类号"G06Q10 行政；管理〔8,2012.01〕[2012.01]"的专利数量逐年增加，呈现稳步上升趋势，表明了能源互联网领域相关人员在该领域的关注度不断增加。

　　国际能源互联网专利申请领域的重点分类号属性鲜明，主要集中在电力领域，包括电力网络、储能装置、电极、电动汽车等，这些研究领域一直被大量学者、机构或企业长时间跟踪关注，是能源互联网专利申请的核心热点领域。此外，能源互联网专利申请领域也覆盖到行政管理和商业，展现出能源互联网研究在这些领域的额外兴趣，体现出能源互联网研究领域覆盖面广、交叉性强的特点。

　　能源互联网专利申请领域专利数量的增加也从侧面表明，世界各国针对能源互联网研究价值的认识已得到不同程度的提升。

3.2.4 主要国家排名前 10 的专利研究主题

　　为了研究不同国家（组织）能源互联网发展的异同，图 3-13 给出了主要国家在能源互联网专利申请领域重点分类号的专利数量对比情况，对比国家（组织）包括中国、美国、日本、欧洲专利局、韩国、世界知识产权组织、德国、加拿大、澳大利亚和英国。总体来说，中国在能源互联网专利申请领域重点分类号的专利数量上处于领先地位，其次是美国、日本；加拿大、澳大利亚以及英国在这些专利申请重点领域的专利数量较少。其中，欧洲专利局（EPO）是根据《欧洲专利公约》，于 1977 年 10 月 7 日正式成立的一个政府间组织，其主要职能是负责欧洲地区的专利审批工作。欧洲专利局有 38 个成员国，覆盖了整个欧盟地区及欧盟以外的 10 个国家；虽然德国属于欧洲专利局组织的一个成员，但德国同时也有自身的专利局，此处的德国指的是德国自身的专利局受理的专利。

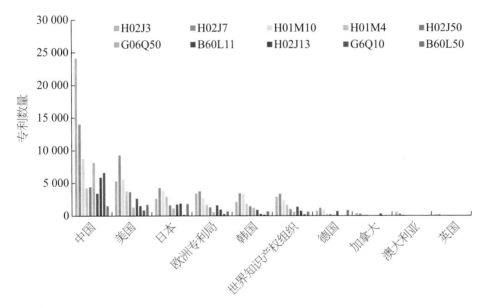

图 3-13　2011—2020 年主要国家（组织）重点分类号的专利数量统计

在能源互联网专利申请领域重点分类号中，中国对"H02J3 交流干线或交流配电网络的电路装置 [2006.01]"展现出极高的关注度，并在该领域的专利申请数量接近 25 000 项，其次是"H02J7 用于电池组的充电或去极化，或用于由电池组向负载供电的装置 [2006.01]"，专利申请数量超过 10 000 项，表明了中国在电力网络和电池领域富有创新力与竞争力。相比于其他主要国家，中国对"G06Q50 特别适用于特定商业行业的系统或方法，例如，公用事业或旅游（医疗信息学入 G16H）[2012.01]"展现出特别的关注，该领域的专利申请数量约 7 500 项。此外，中国对"二次电池及其制造"等其他领域也都展现出浓厚的研究兴趣，并取得了可观的专利申请数量。

美国在能源互联网专利申请领域的兴趣与中国类似，表现出广泛的关注面，在多个领域的专利申请数量均超过 5 000 项。其中，分类号"H02J7 用于电池组的充电或去极化，或用于由电池组向负载供电的装置 [2006.01]"的专利数量最高，接近 10 000 项。

日本、欧洲专利局、韩国以及世界知识产权组织在"H02J3""H02J7"和"H01M10"

领域的专利数量相对较多，可见这些领域是国际能源互联网研究的核心热点领域，受到世界各国的广泛重视。

3.3　能源互联网高增长研究主题

3.3.1　学术产出复合年增长率排名前 20 的研究主题

根据 2016—2020 年能源互联网出版物的复合年增长率，本节研究了最具增长潜力的热点主题。为了剔除发表量较少但复合年增长率高的主题，本节只选取了能源互联网产出的前 20 个主题，主题突出度百分位数在 95 以上。

图 3-14 给出了 2016—2020 年能源互联网出版物复合年增长率排名前 20 主题的出版物数量、出版物占比、归一化影响因子、复合年增长率和突出度百分位数。可以看出，这些高增长的热点主题显示了能源互联网领域正在出现的研究兴趣。一些传统上不属于能源或电力学科的主题，其能源互联网出版物的数量在逐步增长，具有较高的复合年增长率。这表明，能源互联网的研究覆盖面越来越广，与新兴或前沿课题紧密联系。此外，根据归一化影响因子数值衡量，这种结合通常带来了很高的学术影响。

例如，在 2016 年"对象检测 /CNN/IOU"（与深度学习、神经网络密切相关）"比特币 /以太坊 / 区块链"这些主题没有任何与能源互联网领域相关的出版物。然而，随着这两个主题本身的快速发展，近年来越来越多的研究人员开始关注该领域，并开展相关的研究工作。

能源互联网领域关于"综合能源系统""天然气网络"和"经济调度"等主题的出版物数量最多，占该主题出版物总数的 62.5%。紧随其后的是"短期负荷预测""电力市场""微电网""能源系统"等热点主题的出版物。

3.3.2　主要国家学术产出复合年增长率排名前 5 的主题

图 3-15 展示了 2016—2020 年主要国家能源互联网出版物年度产出的前 5 主题。可以看出，2016—2020 年，"微电网 / 电力共享 / 逆变器""需求响应 / 需求侧管理 / 能源交易"等主题成为各国关注的热点。

中国对"综合能源系统 / 天然气网络 / 经济调度"这一主题始终表现出浓厚的兴趣，美国对"相量测量单元 / 状态估计 / 智能电网"主题出现类似情况。与其他国家相比，日本和韩国的研究兴趣大不相同。韩国在"纳米发电机组 / 采集器 / 能量收集"主题上的研究兴趣浓厚，日本在能源互联网领域的研究聚焦在"需求响应 / 需求侧管理 / 能源交易""微电网 /电力共享 / 逆变器"及"插电式电动汽车 / 车并网 / 充电"。

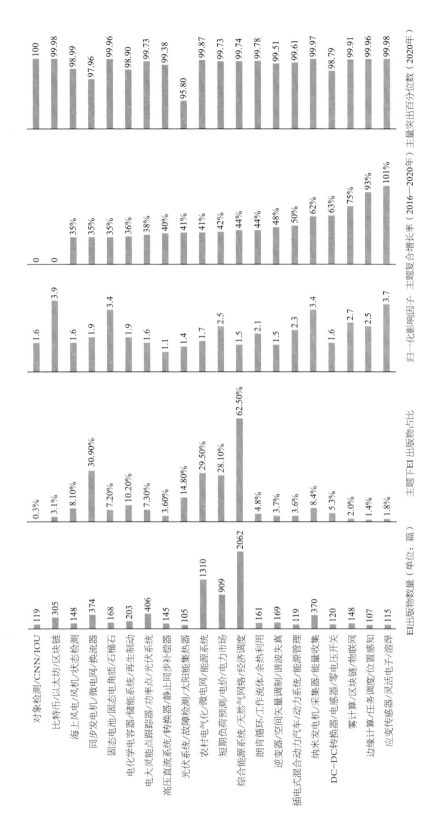

图 3-14　2016—2020 年出版物数量复合年增长率排名前 20 的研究主题

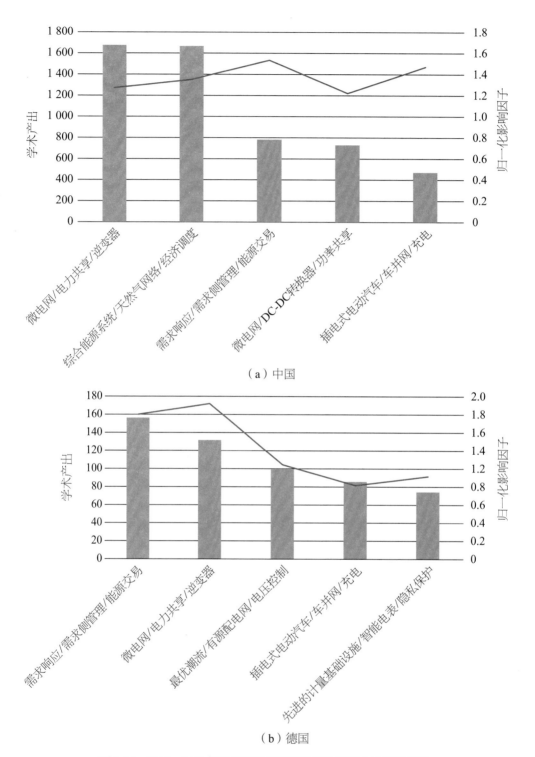

（a）中国

（b）德国

图 3-15　2016—2020 年主要国家出版物数量排名前 5 的研究主题

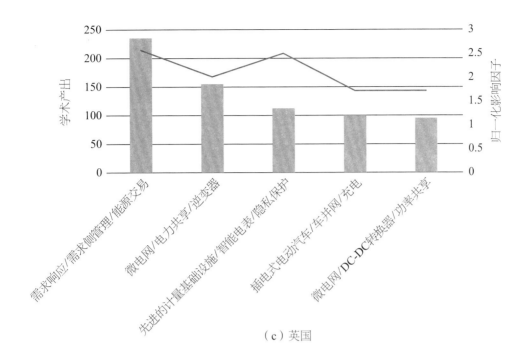

（c）英国

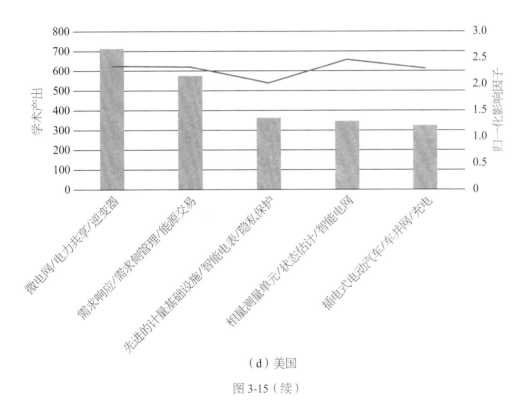

（d）美国

图 3-15（续）

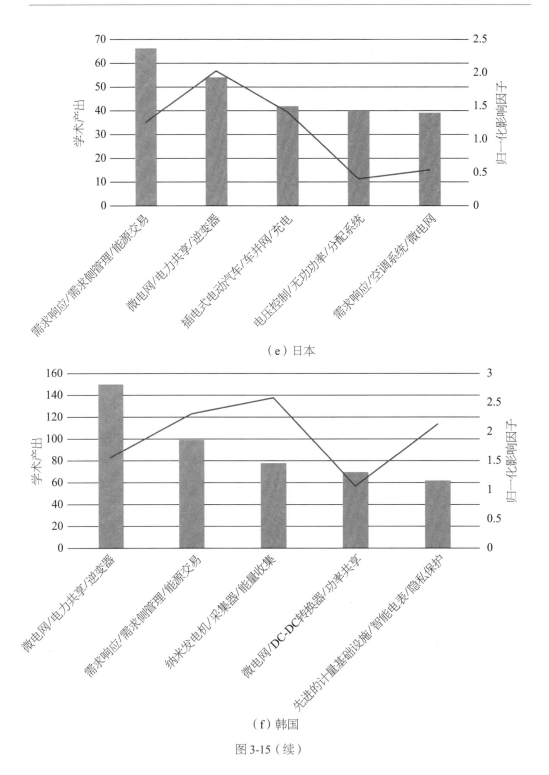

（e）日本

（f）韩国

图 3-15（续）

3.3.3 专利数量最高的热点研究主题

本节将 10 年划分为两个相同的时期,以分析研究能源互联网专利申请领域热点研究主题的变化。图 3-16 和图 3-17 给出了 2011—2015 年和 2016—2020 年的国际能源互联网专利申请领域的核心热点研究主题对比情况,通过对热点关键词的层级拆分,可更加详细地展现出该技术领域内的技术焦点。外层关键词是内层关键词的进一步分解。

能源互联网是能源系统和互联网深度融合的产物,是以电力为枢纽和平台的新一代能源系统,学科交叉性极强,涵盖了电力、能源、信息、交通、通信等多学科领域。能源互联网的这些特点在专利申请领域的核心热点研究主题中得以体现。

排名	热点研究
1	接收设备(接收器、控制单元等)
2	混合动力系统(电动车辆、混合动力车辆、机动车辆)
3	无线电力(无线功率、电力发送、电力接收、无线电力传输)
4	电气系统(电源系统、管理系统)
5	二次电池(锂电池、超级电容器、非水电解质)
6	组合物(电解质、活性材料、化合物、聚合物)
7	电池系统(燃料电池、太阳能)
8	充电系统(电池充电、充电站、充电器)
9	电动工具(传感器、集电器、变压器、谐振器)
10	电力系统(配电网、微电网、供电系统)

图 3-16 2011—2015 年专利申请的核心热点研究主题

排名	热点研究
1	控制系统(接收设备、控制器、控制模块、控制单元等)
2	热管理(传感器、电池系统、电连接、无线充电)
3	电力系统(供电系统、配电网、微电网、五点电能传输)
4	动力电池(二次电池、锂离子二次电池、锂电池)
5	发电系统(分布式能源、储能系统)
6	电动汽车(电动车辆、机动车辆)
7	充电系统(充电站、充电桩、充电器等)
8	无人机(集电器、服务器)
9	分布式方法(优化调度、操作方法)
10	电解质(正电极、负电极、活性材料)

图 3-17 2016—2020 年专利申请的核心热点研究主题

能源互联网是能源系统和互联网深度融合的产物，是以电力为枢纽和平台的新一代能源系统，学科交叉性极强，涵盖了电力、能源、信息、交通、通信等多学科领域。能源互联网的这些特点在专利申请领域的核心热点研究主题中得以体现。

2011—2015 年，"电池系统"是国际能源互联网专利申请领域的核心热点，是排名第一的研究主题，该主题下包括"锂离子电池""锂离子""锂二次电池""超级电容器""非水电解质""燃料电池"和"输出功率"等多个子主题。其次是"控制系统"（接收设备）主题，子主题包括"发射器""发送器""处理器""控制单元"以及"接收器"。此外，能源互联网专利申请领域的核心热点研究主题还涵盖"混合动力系统""无线电力""电气系统""电动工具""充电系统""电力系统"及"组合物"领域。

2016—2020 年，"控制系统"是国际能源互联网专利申请领域的热点，是排名第 1 的研究主题，该主题下包括"控制器""控制装置""控制模块"和"控制单元"等多个子主题。其次是"电力系统"主题，子主题包括"供电系统""分布式电源""微电网"及"配电网"等。此外，能源互联网专利申请领域的核心热点研究主题还涵盖"热管理""动力电池""储能系统""电动汽车""充电系统""无人机""分布式方法"以及"电解质"。

2011—2020 年，国际能源互联网专利申请领域的研究兴趣在不断变化，表明了国际能源互联网在不同发展阶段中的不同技术需求。"控制系统""电池系统""电动汽车""充电系统"及"电力系统"是能源互联网研究领域的持续热点，在 2011—2020 年，这些领域受到研究人员的广泛关注并产出大量技术专利。然而，近 5 年"混合动力"与"无线电力"主题的专利申请逐渐下降，表明研究人员对该领域的研究兴趣在逐渐下降。但在近 5 年中，"分布式""无人机"和"热管理"主题的专利申请占比逐渐增大，成为能源互联网研究中的热点领域，表现出未来能源互联网研究的一个重要趋势。

3.3.4　主要国家专利热点研究主题

通过对主要国家在能源互联网领域的热点研究主题分析，并分析主要国家在本领域的热点研究主题异同，来反映各国家技术创新方向变化的速度快慢和趋势。

主要国家和地区在能源互联网领域产出最高的 10 个热点研究主题如表 3-6 所示。主要国家和地区分别为中国、美国、日本、欧洲、韩国、德国、澳大利亚、加拿大和英国。

"电池系统"是中国、美国、日本和欧洲在能源互联网领域产出最高的研究主题。此外，韩国、德国、澳大利亚、加拿大和英国分别对"无线电力""电动车辆""微电网""控制器"和"电网"主题的研究兴趣更加浓厚，专利产出数量最多。这表明以上国家和地区在这些研究领域的创新能力较强，关注度更高。

"电池系统""电动车辆""控制系统"以及"电力系统"是大部分国家专利产出较高的研究主题，体现出相关技术是能源互联网的关键支撑，世界各国都高度重视这些领域的研究工作。

表 3-6　2011—2020 年主要国家（地区）专利数量排名前 10 的热点研究主题

序号	中国	美国	日本	欧洲	韩国	德国	澳大利亚	加拿大	英国
1	电池系统	电池系统	电池系统	电池系统	无线电力	电动车辆	微电网	控制器	电网
2	电网	无线电力	控制系统	控制系统	电池系统	储能系统	变压器	转换器	电力系统
3	电动车辆	电力系统	电路元件	转换器	电动车辆	控制系统	控制系统	能量管理系统	能量
4	控制系统	控制系统	电力系统	电动车辆	太阳能	电池系统	变电站	电池系统	微电网
5	电力系统	电动车辆	电动车辆	电力传输	控制系统	发电装置	分布式	电解质	发电机
6	充电系统	传输设备	储能系统	逆变器	储能系统	逆变器	配电网	收发器	储能技术
7	储能系统	储能系统	发电装置	充电系统	电力传输	电气系统	电力系统	电力系统	控制系统
8	逆变器	电路元件	收发器	电力系统	发电装置	转换器	转换器	能量存储	计算机模块
9	电路元件	电网	活性材料	发电装置	可再生能源	充电装置	收发器	选择性	可再生能源
10	优化系统	充电系统	电力传输	收发器	电网	网络系统	配电网络	存储器	供配电

中国在能源互联网领域的关注点与其他主要国家（地区）略有区别，是唯一在"优化系统"领域专利产出较多的国家（地区），其次，美国、日本、德国分别对"传输设备""活性材料""网络系统"领域表现出各自浓厚的兴趣。此外，澳大利亚、加拿大和英国在能源互联网领域的研究兴趣具备自身特色，与其他主要国家（地区）差别较大。澳大利亚在"变压器""变电站""分布式"和"配电网络"主题上的专利产出数量较多；加拿大更加关注"能量管理系统""电解质""选择性"以及"存储器"领域；英国则对"能量""计算机模块"和"供配电"领域有独特兴趣。这 3 个国家对"电动车辆"领域的关注程度不及其他对标国家，但在其他领域收获颇丰。

3.4　学术研究热点和专利研究热点对比

表 3-7 和表 3-8 分别是主要国家在能源互联网领域出版物与专利申请数量最高的 10 个热点研究主题。主要国家分别包括中国、德国、英国、日本、韩国和美国，表中的数字代表该主题的名次。

中国在能源互联网领域的学术研究与专利申请的关注面具有较高的重合度，如"电网""微电网""电动车辆""插电式电动汽车"等，表明中国在能源互联网领域的学术研究成果具有较高的转化率，通过以专利的形式应用到实际生产生活中。此外，美国在该领域的学术研究关注点与专利申请方面略有不同，美国在"微电网""需求响应"以及"智能电表"主题上的学术出版物数量较高，但在专利申请领域上，美国更加注重"电池系统"与"无线电力"。虽然存在这种差异，但美国在能源互联网领域的学术研究和专利申请主题仍具有部分交叉性。

德国与韩国在能源互联网领域的学术出版物热点研究主题和专利申请热点主题都各有差异，在学术研究中，两者都比较注重"微电网"与"需求响应"等领域的研究，在专利申请上，双方则更加聚焦于"电动车辆""电池系统"等主题。

表 3-7　2011—2020 年主要国家出版物数量排名前 10 的研究主题的名次分布

主　题	中　国	德　国	英　国	日　本	韩　国	美　国
微电网 / 功率均衡 / 逆变器	1	2	2	2	1	1
综合能源系统 / 天然气网络 / 经济调度	2		6			8
需求响应 / 需求侧管理 / 能源交易	3	1	1	1	2	2
微电网 /DC-DC 转换器 / 功率共享	4	7	5		4	7
插电式电动汽车 / 车辆到电网 / 充电	5	4	4	3	7	5
高级计量基础设施 / 智能电表 / 隐私保护	6	5	3	7	5	3
相量测量单位 / 状态估计 / 智能电网	7					
风速 / 预测表现 / 预测区间	8					
存储系统 / 微电网 / 风电场	9					
短期负荷预测 / 电价 / 电力市场	10	9	8		6	9
最佳功率流 / 活跃的分销网络 / 电压控制		3		10		6
农村电气化 / 微电网 / 能源系统			8	8	8	
相量测量单位 / 状态估计 / 智能电网		9				10
纳米发电机 / 收割机 / 能量收集					3	
电压控制 / 无功功率 / 分配系统				4		
需求响应 / 空调 / 微电网				5		
固态电池 / 固体电解质 / 石榴石				6		
协同仿真 / 智能电网 / 仿真框架		6				

表 3-8　2011—2020 年主要国家专利申请数量排名前 10 的研究主题的名次分布

主　题	中　国	德　国	英　国	日　本	韩　国	美　国
电池系统	1	4		1	2	1
电网	2		1		10	9
电动车辆	3	1		5	3	5
控制系统	4	3	7	2	5	4
电力系统	5		2	4		3
充电系统	6					10
储能系统	7	2		6	6	7
逆变器	8	6				
电路元件	9			3		8
优化系统	10					

续表

主 题	中 国	德 国	英 国	日 本	韩 国	美 国
无线电力					1	2
传输设备						6
发电装置		5		7	8	
转换器		8				
充电装置		9				
网络系统		10				
收发器				8		
发电机			5			
电力传输				10	7	
可再生能源			9		9	
能量			3			
微电网			4			

表 3-9 展示了能源互联网每年出版物产出最高的前 15 热点主题，而表 3-10 则是国际能源互联网专利申请中每年词频最高的 5 个关键词。

表 3-9 2011—2020 年能源互联网出版物数量排名前 15 的热点研究主题

主题名称	2011年	2012年	2013年	2014年	2015年	2016年	2017年	2018年	2019年	2020年
微电网/功率均衡/逆变器		1	1	1	1	1	1	1	1	1
需求响应/需求侧管理/能源交易	3	4	3	3	2	2	2	2	2	2
高级计量基础设施/智能电表/隐私保护	2	3	2	2	3	3	3	4	5	6
插电式电动汽车/车辆到电网/充电	4	2	4	4	4	4	5	5	6	5
微电网/DC-DC转换器/功率共享	8	5	5	5	5	5	4	3	3	4
综合能源系统/天然气网络/能源分配				7	6	6	6	6	4	3
农村电气化/微电网/能源系统		14	14	6	13	9	7	7	7	7
最优潮流/活跃的分销网络/电压控制		12	6	13	7	7	8	8	10	9

整体上看，能源互联网中的学术研究与专利申请的热点领域具有较高的一致性，大部分年份学术出版物在"微电网/功率均衡/逆变器"主题中的产出最高，"控制器"也是专利申请领域在大部分年份里的热点主题。这两个主题中的技术领域具有较高的重合度，是能源互联网研究中的核心热点主题。

"电动车辆"是专利申请领域的第 2 大热点主题，但该主题在学术研究中的关注度呈缓慢下降趋势，展现了两个不同层面的研究者在能源互联网中的不同研究兴趣。此外，"需求响应"是学术研究中的热点主题，但在该领域的专利申请数量较少，展现出能源互联网领域中学术研究与专利申请的差异性。

表 3-10　2011—2020 年专利申请词频排名前 5 的关键词

序号	2011年	2012年	2013年	2014年	2015年	2016年	2017年	2018年	2019年	2020年
1	电池系统	控制器	无线电力	无线电力	电动车辆	微电网	控制器	控制器	控制器	控制器
2	供配电装置	无线电力	接收器	接收器	电池系统	电动车辆	电池系统	电动车辆	电动车辆	电动车辆
3	控制器	接收器	电力传输	电池系统	无线充电	发电机	电动汽车	无线充电	电池系统	配电网
4	正极活性物质	发电机	电动车辆	电力传输	无线电力	控制装置	电力系统	电池系统	无线充电	电池系统
5	储能装置	电动车辆	控制器	控制器	逆变器	无线电力	无线电力	配电网	配电网	无线充电

为了能够较为直观地对比分析学术出版物和专利申请的研究热点变化，本节与第 3.1.1 节的分析方法一致，依然将 2011—2020 年划分为 2011—2017 年和 2018—2020 年两个时间段。在各时间段里进行相关统计，有利于分析能源互联网学术研究和专利申请领域的热点主题变化，反映出能源互联网研究及发展趋势。2011—2020 年，能源互联网学术研究和专利申请领域排名前 50 的关键词分别如图 3-18 和图 3-19 所示。

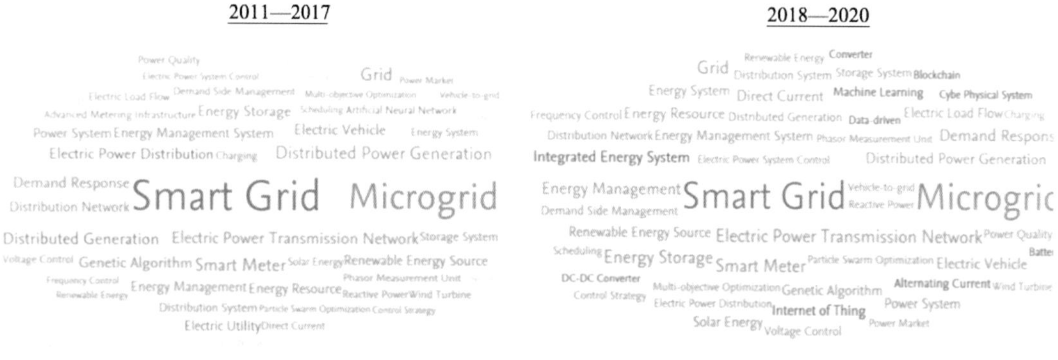

2011—2017　　　　　　　　　2018—2020

图 3-18　2011—2020 年学术研究领域排名前 50 的关键词

2011—2017　　　　　　　　　2018—2020

图 3-19　2011—2020 年专利申请领域排名前 50 的关键词

2011—2020 年，能源互联网学术研究领域与专利申请领域的主要关注方向基本一致，都展现出对电力系统领域的极高关注，如"Smart Grid""Microgrid"一直是学术研究中持续关注的热点主题，"Power System"则是专利申请中的热点领域。

能源互联网学术研究领域和专利申请领域也具有各自特点。能源互联网学术研究领域的关注面较为广泛，专利申请领域的集中度更高。2011—2017 年，"Power System""Battery""Charging""Energy Storage"是专利申请领域的前四主题，在该领域的专利数量产出较多，是该年专利申请的核心热点领域，但相比之下，这些主题在学术研究中的相关性较低，呈现了 2011—2017 年能源互联网领域学术研究和专利申请的差异性。

2018—2020 年，能源互联网学术研究和专利申请对"Energy Storage""Distribution System""Energy Management System"都表现出了相同的兴趣。相比于学术研究领域，"Voltage Control""Converter""Charge""Battery""Power System"在能源互联网专利申请领域的关注度上升，但"Smart Meter""Internet of Thing""Demand Response"在专利申请领域的关注度呈现下降趋势。

3.5　本章小结

在可再生能源发电技术和信息技术迅猛发展的今天，能源互联网作为互联网与新型能源技术融合的产物，已经成为学术界与工业界的研究热点和关注焦点。本章基于海量学术出版物与专利数据，通过聚类分析，从词云图变化、高产出研究主题和高增长研究主题 3 个方面研究了能源互联网中的热点研究领域。

研究表明，能源互联网领域具有研究范畴广的特点，涉及电气、能源、信息、材料等多个学科交叉。当前，能源互联网领域的研究成果主要集中在工程学和计算机科学学科。在工程学学科中，能源互联网研究人员主要聚焦于电气电子工程、控制与系统工程等研究主题，这些研究领域与电力系统呈强相关性，反映了能源互联网以电力系统为主体的建设架构。在计算机科学主题中，成果产出主要分布在计算机网络、人工智能等领域，表明了国内外研究人员已将前沿信息与计算机技术应用到能源互联网的研究中。与此同时，能源互联网的研究热点在不同时期有所不同。近些年，以机器学习和数据驱动为代表的大数据技术在能源互联网领域的研究成果明显增加，而传统的分布式发电等主题的研究热度呈下降趋势。此外，能源—信息—计算机技术等多学科交叉融合日益明显，是能源互联网未来重要发展方向。不同国家在能源互联网领域的关注点存在差异。中国和美国在能源互联网领域的源—网—荷—储多个方向均取得了较为突出的成果；而其他国家多数聚焦能源互联网的若干研究主题，如日本注重微电网以及逆变器领域的研究，韩国在电力市场与负荷预测的研究成果较多。

第 4 章

能源互联网研究成果和影响力

原创的研究成果将有效推动科学进步和知识共享。作为研究成果的重要体现之一，会议论文、期刊论文和书籍章节等学术出版物以及专利可以有效地反映学者、研究机构甚至整个国家的研究水平。与此同时，专利作为技术研发最重要的成果表现形式，代表技术创新过程中一项定义明确的产出。本章基于爱思唯尔 Scopus 的学术出版物数据库与全球主要专利数据库，从学术与专利产出量、成果影响力，以及研究机构和国家的科研产出对比等视角对能源互联网领域的研究成果进行定量分析。

4.1　能源互联网成果产出和影响力

4.1.1　学术成果产出和影响力

能源互联网相关出版物数量在 2011—2020 年增长迅速。出版物包括书籍章节、会议论文以及期刊（见图 4-1）。2011—2020 年的出版物总计 101 257 份，其中 2020 年出版物约为 17 260 份。通过计算复合年均增长率，能源互联网相关的出版物增长率为 14.9%，高于所有学科的平均复合年均增长率（3.4%）以及能源学科的平均复合年均增长率（9.9%）。其中，复合年均增长率（CAGR）指在指定时间内的同比恒定年增长率。从任何时间序列的初值开始，应用该增长率就可以计算出序列终值。

图 4-2 展示了能源互联网领域按类型划分的出版物数量年度趋势，会议论文集占 2011—2020 年出版物总体的 55%，在 2011—2019 年数量呈上升趋势。但在 2020 年会议论文数量却有一定程度的下降，这很可能是由于"新冠"疫情大爆发导致大量会议延迟或取消。期刊出版物的增长速度越来越快，表明能源互联网仍然是一个热点话题。虽然期刊出版物的产出比例略低于会议论文集，但随着该领域期刊出版物数量的增长速度更快，预计在不久的将来，期刊出版物将成为能源互联网领域最大的贡献者。与此同时，2011—2020 年书籍章节的出版数量也从 17 本稳定增长到 199 本。

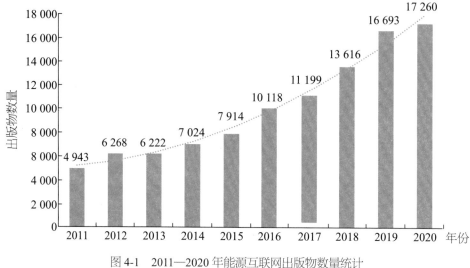

图 4-1　2011—2020 年能源互联网出版物数量统计

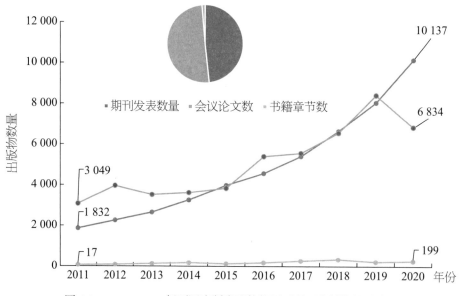

图 4-2　2011—2020 年不同出版类型的能源互联网出版物数量统计

图 4-3 给出了能源互联网、能源领域以及所有研究领域的年度归一化影响因子指数。相比于其他研究领域，能源互联网领域的出版物具有比一般能源学科和所有学科的平均水平更强的学术影响力。可以看出，能源互联网的归一化影响因子指数（蓝色线条）高于一般能源学科（橙色线条）和所有学科的平均水平（绿色线条归一化影响因子 =1.0）。

需要注意的是，能源互联网的归一化影响因子指数在 2011—2020 年呈现逐年下降趋势，这可能是由于该领域的许多经典著作已在早年出版，例如，被引次数最高的前 100 篇能源互联网出版物中有 58 篇于 2011—2013 年发表。

图 4-4 展示了能源互联网领域顶级期刊发表数量年度趋势。从出版物质量的角度分析，

2011—2020 年能源互联网在同一学科中 CiteScore 排名前 1% 和前 10% 的顶级实体刊物上的出版物数量迅速增长。CiteScore 即采用过去 3 年的时间区间为基准来计算每个期刊的平均被引用次数，以此体现期刊的影响力。

图 4-3　2011—2020 年能源互联网、能源学科以及所有学科的年度归一化影响因子指数

图 4-4　2011—2020 年能源互联网顶级期刊的发文数量统计

图 4-5 给出了能源互联网领域顶级期刊发表文章份额的年度趋势。2011—2020 年能源互联网领域高被引出版物比例存在一些波动，这可能是由于整个能源互联网领域出版物的快速增长所致。但总体而言，在前 10% 的高被引出版物中能源互联网主题的平均占比超过

35%，而在前 1% 高被引出版物的占比接近 10%，几乎是所有学科平均水平的 3 倍。这表明能源互联网领域总体来说拥有更多高被引用的文章。

图 4-5　2011—2020 年能源互联网顶级期刊发表的文章份额统计

在能源互联网相关研究论文发表数量前 10% 的期刊（以该期刊所含能源互联网领域出版物数量为标准）中，前 20 位的期刊如下：

◎ IEEE Transactions on Smart Grid (1 958)

◎ Applied Energy (1 774)

◎ Energy (1 708)

◎ Journal of Cleaner Production (1 010)

◎ International Journal of Electrical Power and Energy Systems (818)

◎ Energy Conversion and Management (801)

◎ IEEE Transactions on Power Systems (782)

◎ Energy and Buildings (715)

◎ Renewable and Sustainable Energy Reviews (702)

◎ International Journal of Hydrogen Energy (611)

◎ IEEE Transactions on Power Electronics (587)

◎ Applied Thermal Engineering (527)

◎ Proceedings of the IEEE (493)

◎ Nano Energy (456)

◎ Sustainable Cities and Society (404)

◎ IEEE Transactions on Industrial Informatics (400)

◎ Journal of Materials Chemistry A (388)

◎ Journal of Power Sources (349)

◎ IEEE Transactions on Industrial Electronics (346)

◎ IEEE Transactions on Sustainable Energy (343)

需要注意的是，能源互联网相关出版物在其他领域顶级期刊中也深受欢迎。例如，*Energy and Environmental Science*（64 篇），*Nature Energy*（18 篇），*Joule*（36 篇），这些期刊由于其总体出版物数量较少，所以并不在上述前 20 的期刊中。

4.1.2 专利成果产出和影响力

图 4-6 展示了 2011—2020 年在能源互联网领域的专利产出变化趋势。专利总数量为发明专利申请数量与授权的专利数量之和，其中，发明专利申请数量包括目前审查阶段未授权的与失效的专利，考虑到权利失效了但公示仍存在，对能源互联网的研究也存在技术影响和技术启示，本节将失效专利纳入专利总数量。

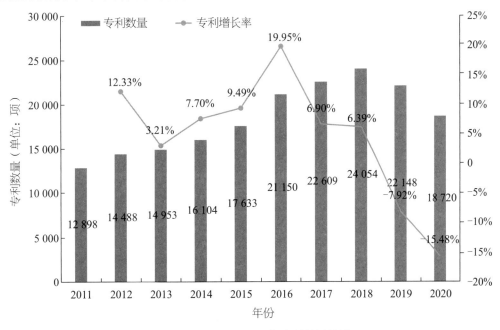

图 4-6 2011—2020 年专利数量统计

数据显示，从 2011 年的 12 898 项开始，国际能源互联网领域专利数量不断逐年增加，到 2018 年，专利数量达到近 10 年的最大值，为 24 054 项。2018 年以后呈略下降趋势，2019 年和 2020 年出现了负增长的可能原因是专利的申请审查具有 2~3 年左右的公开期造成的数据公开与统计滞后。从专利增长率角度分析，10 年间的增长情况存在波动，但是在 2018 年之前增长率皆为正值，呈不断增长的趋势，其中 2016 年的专利增长率最高达到 19.95%。

总体上看，在能源互联网领域中的专利产出呈现上升的趋势，这表明国际能源互联网领域的专利技术正在蓬勃发展，并取得了一系列的创新性成果，同时也可以看出能源互联网的影响正不断深化。

图 4-7 展示了 2011—2020 年国际能源互联网领域专利被引呈先上升后下降的变化趋势。2011—2015 年，被引用专利数量逐渐上升，2016—2018 年是专利被引用的高峰期，大部分专利被引次数在 1~5 次左右，而较早期的专利被引次数在 50 次以上的较多。从 2018 年后发生下降的主要原因可能有两个：一是专利审查是有周期的，申请日和公开日的时间具有滞后性，公开日之后的专利才能被引用。比如 2019 年的专利，可能 2022 才开始大量审查，所以引用的专利统计数据只能是 2019 年之前的；二是年份越早的专利被多次引用的可能性越大。

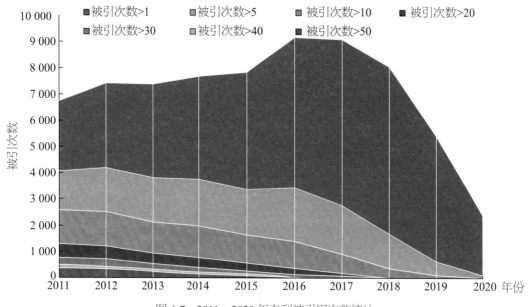

图 4-7   2011—2020 年专利被引用次数统计

图 4-8 展示了国际上能源互联网领域的专利转让与专利总数量对比的变化趋势。由专利转让变化趋势可知，专利转让数量在 2011—2015 年先缓慢上升，2016 年达到峰值，2016—2020 年直线下降。直线下降的原因是：由于专利一般都是授权之后才会转让，而发明专利授权通常需要 3 年的时间，在 2019—2020 年申请的专利大多还处于审查期中，还未走到授权阶段，因此，2016—2020 年的转让专利数量会呈现下降趋势。根据专利转让数量和总数量的对比，转让的专利对于总体来说数量相对较少，但在总体变化上，两者都呈先上升后下降的趋势。

图 4-9 展示了国际上能源互联网领域授权专利数量与专利总数量的对比及变化趋势。2011—2020 年专利授权数量的变化呈先上升后下降的趋势，在 2011—2015 年先缓慢上升，2016 年达到峰值；在 2017—2020 年下降幅度较大。这里下降的原因同样也是由于发明专利授权 2~3 年的公开期造成的。同时，在 2016 年之后，获取授权的比例逐渐下降，这说明 2016 年以后获得授权相对来说变得困难，可能是由于专利申请的数量增长导致获批授权的标准产生了变化。

图 4-8　2011—2020 年转让的专利数量与专利总数量对比

图 4-9　2011—2020 年授权的专利数量与专利总数量对比

　　表 4-1 给出了被引用次数排名前 20 的专利。可以看到，在被引次数排名前 20 的专利列表中，有大部分是用于医疗器械中的电力系统技术，如外科充电系统、动力外科缝合器、外科器械的强化电池等，还有部分是与服务器控制、互联网应用程序、电动汽车相关的专利技术。值得注意的是，产生高被引的专利申请主要是 2015 年及之前的专利，大部分集中在 2015 年，部分来自 2012 年和 2013 年。

表 4-1　2011—2020 年被引用次数排名前 20 的专利

排名	公开(公告)号	标　　　　题	当前申请(专利权)机构	申　请　日
1	US20160249910A1	Surgical charging system that charges and/or conditions one or more batteries	Ethicon	2015/2/27

续表

排名	公开(公告)号	标 题	当前申请(专利权)机构	申 请 日
2	US20130214025A1	Powered surgical stapling device	Covidien lp	2013/3/7
3	US20160249916A1	System for monitoring whether a surgical instrument needs to be serviced	Cilag GmbH International	2015/2/27
4	US20160249918A1	Charging system that enables emergency resolutions for charging a battery	Cilag GmbH International	2015/2/27
5	US20160249915A1	Surgical apparatus configured to assess whether a performance parameter of the surgical apparatus is within an acceptable performance band	Cilag GmbH International	2015/2/27
6	US20160249909A1	Power adapter for a surgical instrument	Cilag GmbH International	2015/2/27
7	US20160249917A1	Surgical apparatus configured to track an end-of-life parameter	Cilag GmbH International	2015/2/27
8	US20130201316A1	System and method for server based control	May Patents Ltd.	2013/1/3
9	US20160249919A1	Surgical instrument system comprising an inspection station	Cilay GmbH International	2015/2/27
10	US20160249908A1	Reinforced battery for a surgical instrument	Cilag GmbH International	2015/2/27
11	US9931118B2	Reinforced battery for a surgical instrument	Cilag GmbH International	2015/2/27
12	US20170189018A1	Mechanisms for compensating for battery pack failure in powered surgical instruments	Cilag GmbH International	2015/12/30
13	US10045779B2	Surgical instrument system comprising an inspection station	Cilag GmbH International	2015/2/27
14	US9414880B2	User interface in a battery powered device	Cilag GmbH International	2012/10/23
15	US9421060B2	Litz wire battery powered device	Cilag GmbH International	2012/10/23
16	EP2510891B1	Battery-powered hand-held ultrasonic surgical cautery cutting device	Covidien AG	2012/4/15
17	US20170006135A1	Systems, methods, and devices for an enterprise internet-of-things application development platform	C3.AI, INC.	2016/3/23

续表

排名	公开(公告)号	标　题	当前申请(专利权)机构	申　请　日
18	EP2510891A1	Battery-powered hand-held ultrasonic surgical cautery cutting device	Covidien AG	2012/4/15
19	JP2013154815A	車両および電力伝送システム	トヨタ自動車株式会社	2012/1/31
20	WO2013062978A2	Medical instrument	Ethicon Endo-Surgery, Inc.|MONSON, Gavin, M.|Trees, GregorY, A. |Leather, Gordon, J. |Stocks, Davin, J. |Daily, Christopher, E. |Snowdon, Davia, A. |Evans, John, Hefin Bowen|Ruddenklau, Davia, I.|Green, Alan, E.|Lee, Robin, M.|Roberts, paul, C.|Chan, WAI|Jackson, Thomas	2012/10/23

4.2　能源互联网研究机构的成果和影响力

4.2.1　学术研究机构的成果和影响力

能源互联网引起了全世界来自不同大学、研究机构以及公司的学者的广泛关注。本节从出版物总数、顶级出版物总数、引用数量,以及顶级期刊引用数量 4 个方面分析和阐述研究机构的学术成果。

图 4-10 展示了能源互联网领域出版物数量排名前 20 位的研究机构和相关作者数量。在能源互联网领域世界排名前 20 的机构中,有 15 个机构来自中国,华北电力大学在 2011—2020 年发表了最多的能源互联网领域出版物,而中国国家电网公司在该领域的作者数量领先。清华大学拥有该领域第三大出版物和第三大作者数量。中国在该领域的其他十大领先机构包括中国电力科学研究院、上海交通大学、浙江大学、天津大学、中国科学院、西安交通大学和华中科技大学。

按出版物数量计算,除中国外,国际上在该领域排名前 5 位的机构是丹麦奥尔堡大学、伊朗伊斯兰阿扎德大学、新加坡南洋理工大学、法国国家科学研究中心(CNRS)和丹麦科技大学。

从在顶级期刊发文来看,图 4-11 进一步展示了在排名前 1% 期刊中发表数量排名在前 20 位的机构。清华大学在前 1% 期刊中发表的能源互联网领域出版物数量排名第 1。如图 4-11 所示,清华大学能源互联网相关出版物中有 11% 发表在前 1% 的期刊上。此外,北京理工大学和中国科学院在顶级期刊中的能源互联网出版物也占到了较高的比重,位居中国的前 3 名。

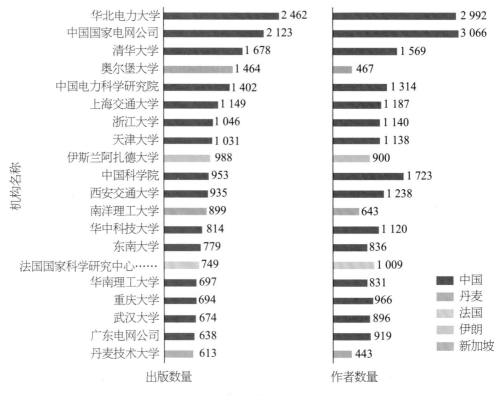

图 4-10　2011—2020 年出版物数量排名前 20 的机构

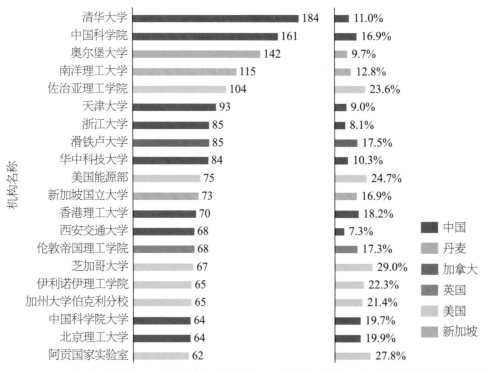

前1%期刊出版物数量排名前20的机构　　前1%期刊出版物数量排名前20的机构发文占比

图 4-11　2011—2020 年前 1% 期刊出版物数量排名前 20 的机构

如图 4-11 所示，在能源互联网领域排名前 20 的机构中，美国机构往往在顶级期刊中的发文占比更高。其中，芝加哥大学排名第 1，表明了它们在能源互联网领域产出大量优秀的研究成果。除美国外，其他国际领先机构还包括英国伦敦帝国理工学院、加拿大滑铁卢大学和新加坡国立大学等。

在文章引用方面，2011—2020 年被引次数最多的前 20 个机构如图 4-12 所示。丹麦奥尔堡大学在能源互联网领域被引次数排名第 1，且其归一化影响因子值高达 3.28。这表明其在能源互联网领域有着很高的学术影响力和产出。清华大学在能源互联网领域的相关出版物被引数量排名第 2，同时也是中国第 1。中国其他 5 所领先院校分别是中国科学院、华北电力大学、浙江大学和华中科技大学。除中国外的其他 5 所国际上领先院校分别是新加坡南洋理工大学、伊朗伊斯兰阿扎德大学、加拿大滑铁卢大学和美国佐治亚理工学院。

如图 4-12 所示，美国能源部在引用总数中排名第 19 位，但其能源互联网相关出版物在归一化影响因子中达到 4.10，排名第 1。来自欧洲和美国的机构往往比亚洲大学拥有更高的归一化影响因子值，这表明来自欧洲和美国的出版物具有相对较大的学术影响力。

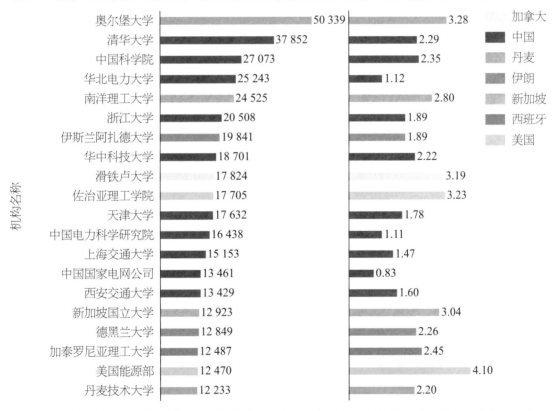

图 4-12　2011—2020 年出版物总引用次数排名前 20 的机构

图 4-13 列出了国际上在前 1% 期刊中拥有最多出版物数量的研究机构，奥尔堡大学拥有最高的前 1% 高被引出版物的发表量，在其发表的全部能源互联网期刊中占比达 10.6%

（在同一时段，能源互联网领域出版物 3% 发表在前 1% 高被引出版物中）。尽管没有跻身高被引文章产出数量前列，但美国大多数机构发表的研究成果有很高的份额发表在该领域排名前 1% 的高被引出版物中（超过 10%）。这表明它们可能不是高被引出版物的主要产出者，但其研究成果的平均质量整体较好。

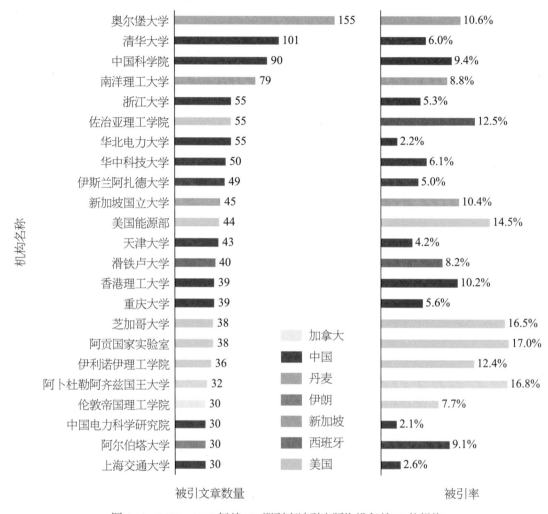

图 4-13　2011—2020 年前 1% 期刊高被引出版物排名前 20 的机构

在中国院校中，清华大学拥有最高的前 1% 高被引文章数量，且其能源互联网出版物有 6% 发表在前 1% 高被引期刊中。其他 4 个领先的中国机构包括中国科学院、浙江大学、华北电力大学和华中科技大学。除中国机构外的其他 5 所领先机构是丹麦奥尔堡大学、新加坡南洋理工大学、美国佐治亚理工学院、伊朗伊斯兰阿扎德大学和新加坡国立大学。值得注意的是前 1% 的高被引出版物是那些在同一 ASJC 主题中给定时期内发表和引用的所有文章的引用率排名前 1% 的出版物。同样，研究机构拥有前 10% 高引文章数量或份额被视为研究能力的体现。

图 4-14 对能源互联网领域的机构出版物进行了全面分析。总体来说，在能源互联网领

域产出数量大的机构，其出版物并不一定有很高的归一化影响因子指数。而丹麦奥尔堡大学和中国清华大学脱颖而出，并在归一化影响因子和出版物数量方面都表现出色，彰显了它们在能源互联网领域的领先地位。

按能源互联网领域的出版物数量及被引次数统计，出版物数量和被引次数分别排名前 20 位的共 26 个机构中，有 15 所来自中国。浙江大学、天津大学和中国科学院在这两个指标上也有着良好的表现。华北电力大学在能源互联网领域的出版物数量上排名全球第 1，然而其能源互联网产出的学术影响力低于世界平均水平。

在所有归一化影响因子指数高于能源互联网全球平均归一化影响因子的机构中，美国能源部排在首位。其他顶级院校包括丹麦奥尔堡大学、美国佐治亚理工学院、加拿大滑铁卢大学和新加坡国立大学。

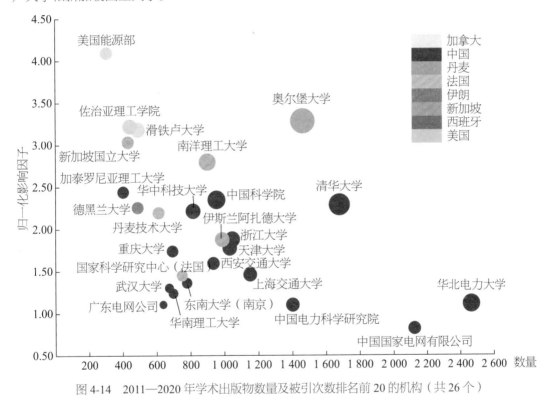

图 4-14　2011—2020 年学术出版物数量及被引次数排名前 20 的机构（共 26 个）

4.2.2　专利申请机构的成果和影响力

图 4-15 展示了国际上能源互联网专利产出前 20 名的机构。数据显示，排名第 1 的是中国国家电网公司（下称"中国国家电网公司"），专利数量高达 8 038 项，远超排名第 2 的丰田自动车株式会社。总体上前 20 的机构的专利产出数量在 1 000～2 000 左右。中国电力科学研究院有限公司排名第 5，江苏省电力公司和华北电力大学（保定）、清华大学分别排名第 14、16 和 20，从中可以看出，中国对能源互联网领域专利产出的贡献较大。注意，图

中机构名称为标准化后的名称，即通过标点符号、大小写、缩写、全称、翻译方式、公司后缀等多个维度，最终将确定为同一公司的机构名称统一整理为一个标准名称，标准化只涉及名称的统一，不会将子公司和总公司统一到一起。

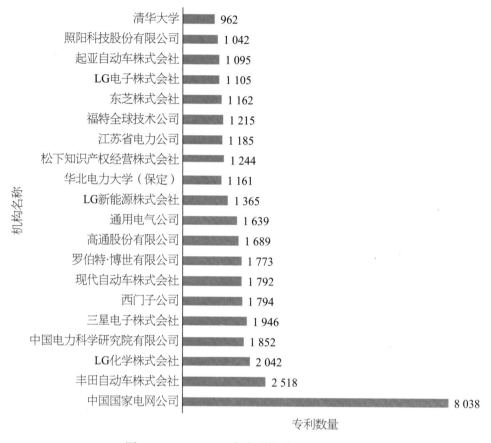

图 4-15 2011—2020 年专利数量排名前 20 名的机构

表 4-2 展示了国际上能源互联网领域专利被引用次数排名前 20 名的机构。能源互联网领域被引用次数排名前 5 的机构为中国国家电网公司、丰田自动车株式会社、三星电子株式会社、中国电力科学研究院有限公司和 LG 化学株式会社。其中两家来自中国，两家来自韩国，1 家来自日本。总体来看，排名前 20 的机构一共有 4 家来自中国，这表明中国公司在能源互联网领域专利技术具有较大影响力。

表 4-2 2011—2020 年专利被引用次数排名前 20 的机构

排　　名	机 构 名 称	排　　名	机 构 名 称
1	中国国家电网公司	11	福特全球技术公司
2	丰田自动车株式会社	12	华北电力大学
3	三星电子株式会社	13	东芝株式会社
4	中国电力科学研究院有限公司	14	江苏省电力公司
5	LG 化学株式会社	15	LG 新能源株式会社

续表

排　名	机 构 名 称	排　名	机 构 名 称
6	高通股份有限公司	16	三星 SDI 株式会社
7	罗伯特·博世有限公司	17	松下知识产权经营株式会社
8	现代自动车株式会社	18	通用汽车环球科技运作有限责任公司
9	通用电气公司	19	LG 伊诺特有限公司
10	西门子公司	20	LG 电子株式会社

　　表 4-3 展示了能源互联网专利总转让次数排名前 20 的机构。专利总转让次数排名前 5 的机构为 LG 化学株式会社、江森自控科技公司、索尼公司、中国国家电网公司和西门子公司，分别来自韩国、美国、日本、中国和德国。总体来看，排名前 20 的机构一共有 6 家来自中国，这同样表明中国公司在能源互联网领域产出的专利技术具有较高价值。

表 4-3　2011—2020 年专利总转让次数排名前 20 的机构

排　名	机 构 名 称	排　名	机 构 名 称
1	LG 化学株式会社	11	华为技术有限公司
2	江森自控科技公司	12	中国电力科学研究院有限公司
3	索尼公司	13	南方电网科学研究院有限责任公司
4	中国国家电网公司	14	Causam Energy Inc
5	西门子公司	15	中国南方电网有限责任公司电网技术研究中心
6	ABB（瑞士）股份有限公司	16	捷通国际有限公司
7	高通股份有限公司	17	东芝株式会社
8	松下电器产业株式会社	18	皇家飞利浦电子股份有限公司
9	通用电气公司	19	广州供电局有限公司
10	LG 伊诺特有限公司	20	丰田自动车工程及制造北美公司

　　从表 4-4 可以看出，国际上能源互联网专利转让排名前 10 的主要申请机构地域分布主要集中在中国、美国和日本。

表 4-4　2011—2020 年专利转让次数排名前 10 的主要申请机构的地域分布

机 构 名 称	中国	美国	日本	欧专局	澳大利亚	俄罗斯	德国	加拿大	韩国	巴西
LG 新能源株式会社	264	485	257	10	0	0	0	0	0	0
中国国家电网公司	661	2	0	0	0	0	0	0	0	0
GPS 科技控股有限公司	174	332	3	69	0	0	0	0	0	0
村田制作所株式会社	88	106	156	14	4	0	0	9	0	0
韦特里西提公司	68	200	11	3	0	0	0	0	0	0
松下知识产权经营株式会社	42	86	131	0	0	0	3	0	0	0
LG 化学株式会社	0	0	186	18	0	0	0	0	9	0
ABB（瑞士）股份有限公司	68	24	32	35	13	14	11	4	0	4
日立能源瑞士股份有限公司	16	96	0	0	25	0	0	0	0	0
华为数字能源技术有限公司	127	41	0	0	2	0	0	0	0	0

表 4-5 展示了能源互联网专利总授权数量排名前 20 的机构。能源互联网专利总授权次数排名前 5 的机构为中国国家电网公司、LG 化学株式会社、丰田自动车株式会社、高通股份有限公司和三星电子株式会社，其中 1 家来自中国，2 家来自韩国，1 家来自日本，1 家来自美国。总体来看，排名前 20 的机构一共有 6 家来自中国，这同样表明中国公司在能源互联网领域的专利总授权数量还是较高的。

表 4-5　2011—2020 年专利总授权数量排名前 20 的机构

排名	机构名称	排名	机构名称
1	LG 化学株式会社	11	华为技术有限公司
2	江森自控科技公司	12	中国电力科学研究院有限公司
3	索尼公司	13	南方电网科学研究院有限责任公司
4	中国国家电网公司	14	Causam Energy，Inc.
5	西门子公司	15	中国南方电网有限责任公司电网技术研究中心
6	ABB（瑞士）股份有限公司	16	捷通国际有限公司
7	高通股份有限公司	17	东芝株式会社
8	松下电器产业株式会社	18	皇家飞利浦电子股份有限公司
9	通用电气公司	19	广州供电局有限公司
10	LG 伊诺特有限公司	20	丰田自动车工程及制造北美公司

在高影响力研究成果方面，表 4-6 展示了全球及主要国家在能源互联网领域专利被引用次数较高的机构名称排名。较高被引用专利排名前 10 的机构有艾诺格思公司、Dvine Wave、Ethicon Endo-Surgery Llc、高通股份有限公司、韦特里西提公司、三星电子株式会社、Kesler Morris P、Hall Katherine L、伊西康内外科公司和 Imes Kevin R.这些公司的主要业务领域涵盖无线充电技术、电动汽车、电子电气、医疗器械等多个方面。

表 4-6　2011—2020 年高被引用专利数量排名前 20 的机构

排名	机构名称	排名	机构名称
1	艾诺格思公司	11	Hollister James
2	Dvine Wave	12	Karalis Aristeidis
3	Ethicon Endo-Surgekry Llc	13	Fores Jr Joseph W
4	高通股份有限公司	14	优宝股份有限公司
5	韦特里西提公司	15	Soljacic Marin
6	三星电子株式会社	16	Luke Hok Sum Horace
7	Kesler Morris P	17	Taylor Matthew Whiting
8	Hall Katherine L	18	Kusndre B
9	伊西康内外科公司	19	迭戈能源有限公司
10	Imes Kevin R	20	欧迈尼勒电子有限公司

4.3 主要国家研究成果和影响力

4.3.1 主要国家学术研究成果与影响力

图 4-16 展示了能源互联网领域学术产出数量排在前 10 的国家及其归一化影响因子指标。就学术产出数量而言，中国在能源互联网领域的出版量最多，且数量超出第 2 名近一倍，高达 28 660。其次是属于美洲的美国和属于亚洲的印度。值得注意的是，产出数量排名前 5 的国家中有 3 个来自亚洲，这表明亚洲是能源互联网出版物的重要贡献者。

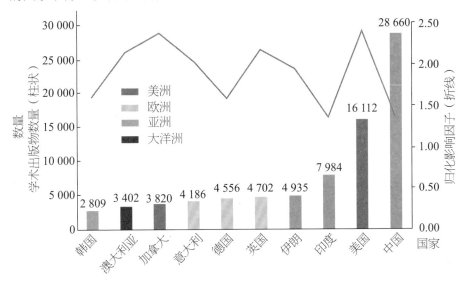

图 4-16 2011—2020 年学术出版物数量和归一化影响因子排名前 10 的国家

就归一化影响因子指数而言，北美的美国和加拿大排在首位，彰显其在能源互联网领域的强悍实力。英国和澳大利亚紧随其后。来自亚洲的 4 个国家，相对于其学术产量，归一化影响因子指数都不是很理想。中国的能源互联网归一化影响因子指数仅为 1.36，虽然同样高于世界平均水平，但是这并未与其优秀的学术产出产量相匹配，这表明需要其在提升出版物的影响力以匹配其在该领域出色的产量方面仍需努力，做到数量高质量也要高。值得注意的是英国在产出数量上排名第 5，但其归一化影响因子指数为 2.19，可以看出，英国在能源互联网领域文章发表数量和学术影响力方面均表现良好。

总体来看，主要问题在于学术产出数量与归一化影响因子指标匹配度，北美和欧洲表现较好，以澳大利亚为代表的大洋洲国家和以中国为代表的亚洲国家需要提升在能源互联网领域学术发展的匹配度。

图 4-17 展示了能源互联网领域被引数量排名前 10 的国家。2011—2020 年，能源互联网专利引用总数超过 140 万次。中国和美国在能源互联网领域的出版物引用总数中处于领先地位，而被引排名前 5 的国家中有 3 个来自亚洲，这得益于其更大的能源互联网文章发表数量。丹麦在文章发表数量方面未排在前 10，但是其总被引用数量排在第 10 位，每篇论

文平均被引达到 27.7 次，这可能得益于其出版物都具有更高的学术影响力。而中国在论文平均被引用次数方面稍落后于世界平均水平，伊朗的被引总数和平均被引表现良好。

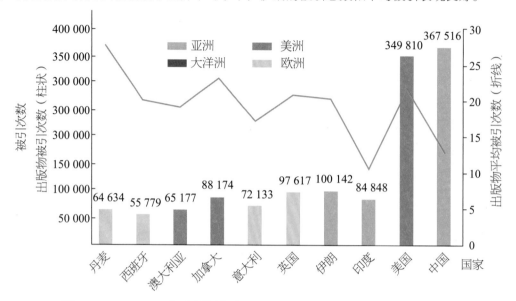

图 4-17　2011—2020 年出版物被引用次数及平均被引用次数排名前 10 的国家

整体而言，欧美国家的研究产出有更高的归一化影响因子值。归一化影响因子超过 2.0 的 10 个国家中，4 个来自欧洲，2 个来自北美。中国发表的出版物多达 28 660 篇，占全球所有能源互联网出版物的 28%，而其归一化影响因子却低于该领域的世界平均水平。根据归一化影响因子指数，丹麦和的产出具有最高的学术影响力。它们的归一化影响因子值均为 2.9，是该领域世界平均水平（1.6）的 1.8 倍。值得注意的是欧洲的罗马尼亚和俄罗斯归一化影响因子值在世界范围处于低水平，这有可能是由于这两个国家在能源互联网投入学术研究的精力和产出的数量较少。

4.3.2　主要国家（组织）专利研究成果和影响力

基于国内外全部专利库，图 4-18 对 2011—2020 年国际能源互联网领域专利产出前 10 的国家（组织）进行了统计和展示。

可以看出，国际在能源互联网领域专利产出前 10 的国家（组织）为中国、美国、日本、世界知识产权组织（WIPO）、欧洲专利局、韩国、德国、加拿大、澳大利亚、英国。其中，中国的专利产出数量为 70 241 项，要远高于其他国家（组织），其次是美国，为 32 962 项；日本、世界知识产权组织、欧洲和韩国情况相当；而德国、澳大利亚、加拿大和英国专利数量仅有几千。总体来说，在能源互联网领域专利产出排名前 10 的国家（组织），专利数量相差较大。

总体上看，中国和美国处于领先地位，这说明能源互联网研究在这两个国家中得到了比较大的重视，中美两国在能源转型和能源互联网创新发展中承担了引领者的角色。同时，各国能源互联网的发展水平，一方面受到国家体量、经济发展等因素影响，另一方面，也与国家对相关领域的重视程度有密切关系。

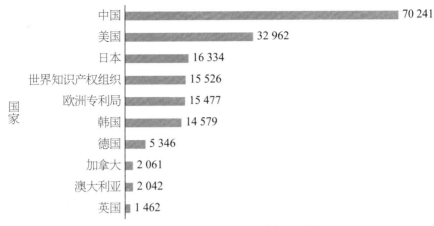

图 4-18　2011—2020 年专利数量排名前 10 的国家（组织）

图 4-19 展示了 2011—2020 年主要国家（组织）在能源互联网领域的专利产出变化趋势。其中，中国在能源互联网领域的专利产出变化相对来说是最大的。2013 年之前，美国在该领域的专利数量处于全球领先，2011—2017 年的专利产出也呈现持续上升趋势。整体上看，美国的专利数量最近 10 年变化不大，处于相对稳定发展阶段。

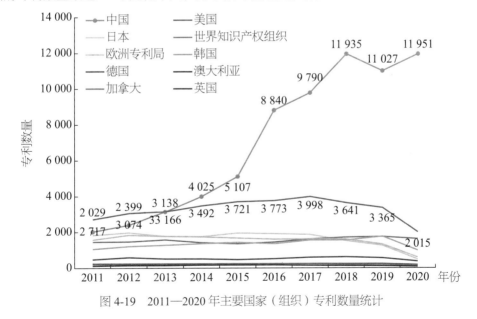

图 4-19　2011—2020 年主要国家（组织）专利数量统计

随着中国的专利数量以较快的速度逐年增加，在 2013 年超越美国，并在 2015 年以后大幅上升，增长势头强劲，到 2018 年专利数量达到近 10 年的峰值，2019 年略有下降，后又逐渐上升，总体保持不断发展的趋势。中国在能源互联网领域惊人的发展速度得益于近 10 年来国家对于"互联网 +"智慧能源发展的引领。

其他主要国家和（组织）在 2011—2017 年的专利产出呈现缓慢上升趋势，但波动不大。这里需要说明的是，2018—2020 年专利数量的下降趋势可能是由专利授权公开期的滞后导致。

图 4-20 展示了主要国家（组织）专利被引用数量。主要国家（组织）在能源互联网领域的专利被引用次数大部分在 1~5 次；美国和中国也有相当一部分专利被引，达到 11~50次；被引 50 次以上的专利，大部分来自美国，这说明美国产出的专利在该领域影响力较大，具备较强的借鉴价值；澳大利亚、加拿大和英国专利被引数量较少，相比于其学术产出来说，专利层面的研究还需要加强。下文重点针对专利数量排名前 5 的中国、美国、日本、世界知识产权组织和欧洲的主要贡献者，就专利被引用数量与主要贡献者专利发生权利转移和许可的数量进行分析。

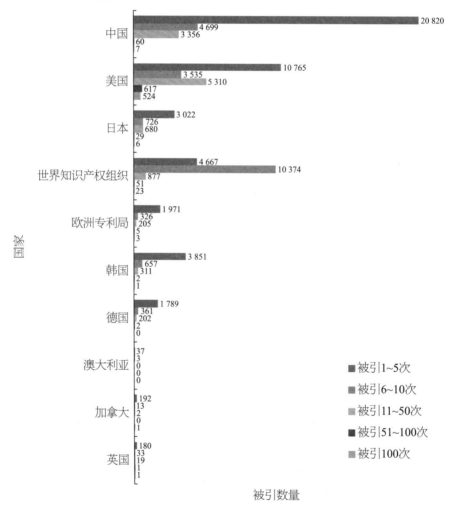

图 4-20　2011—2020 年主要国家（组织）专利被引用数量

图 4-21 展示了主要国家（组织）专利及其他影响力数据，包括专利的权利转移、质押、许可和诉讼。专利价值也可以根据法律事件来评价，法律事件（包括权利转移、质押、许可、诉讼）与专利价值呈正相关，法律事件发生的数量越多，则专利价值越高。图中显示，

对标的国家（组织）在能源互联网领域的专利发生的法律事件主要是权利转移和质押；权利转移发生最多的国家是中国，而质押和许可发生最多的是美国，从中可以看到，中美两国产出的专利影响力是世界领先的。值得注意的是，美国的专利有一部分存在诉讼的情况，这同样说明美国专利价值总体质量较高。

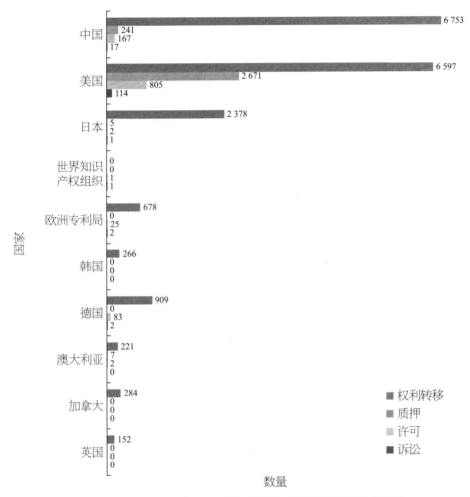

图 4-21　2011—2020 年主要国家（组织）专利及其他影响力数据

图 4-22 和图 4-23 展示了中国主要贡献者发表专利的影响力数据。其中，图 4-22 是专利被引数量的情况，图 4-23 是发生权利转移和许可数量的情况。由图可知，中国专利的主要贡献者为中国国家电网公司、中国电力科学研究院有限公司、华北电力大学（保定）等公司和高校。中国主要贡献者被引次数在 1~50 次之间，绝大多数被引 1~5 次，专利产出主要是权利转移的事件较多，许可较少，所以从总体影响力角度来说还有提升的空间。其中国内发表专利影响力最强的是中国国家电网公司，存在较多专利被引达 6~50 次，大量的权利转移和许可也能够说明专利价值相对来说较高。值得注意的是，相对于来自高校的贡献者机构，公司和企业发生权利转移的数量较多，这可能是由于公司具有专业化性质，产出的专利影响力会更大。

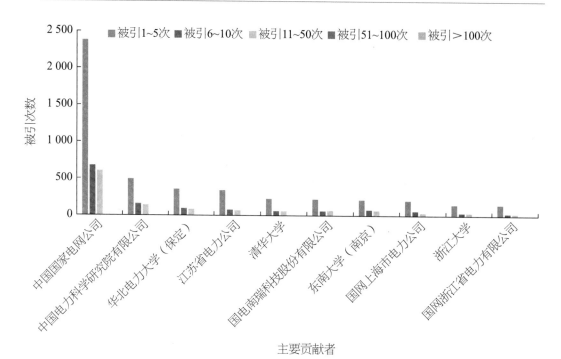

图 4-22　2011—2020 年中国专利主要贡献者的专利被引数量

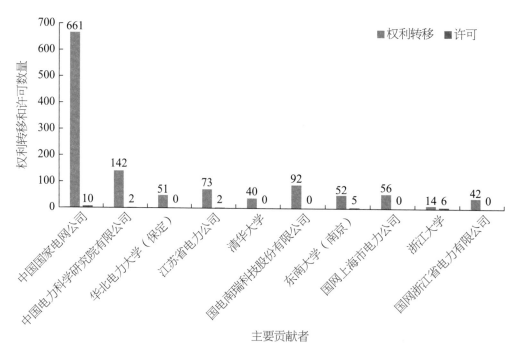

图 4-23　2011—2020 年中国专利主要贡献者的专利发生权利转移和许可数量

　　图 4-24 和图 4-25 展示了美国主要贡献者发表专利的影响力数据。其中，图 4-24 是专利被引数量的情况；图 4-25 是发生权利转移和许可数量的情况。由图可知，美国主要贡献者中的各个公司被引情况都相对较高，绝大多数都能够达到 1~50 次的被引。其中，三星电

子株式会社、高通股份有限公司、LG 电子株式会社等公司较多专利被引高达 50~100 次。而对于权利转移和许可的发生，总体数量不是很多，其中 LG 新能源株式会社的专利被引数量最多，其次是三星电子株式会社和丰田自动车株式会社，通用电气公司还存在许可的发生。需要注意的是，数据是按照申请授权所在国进行统计的，与申请人国籍无直接关联。

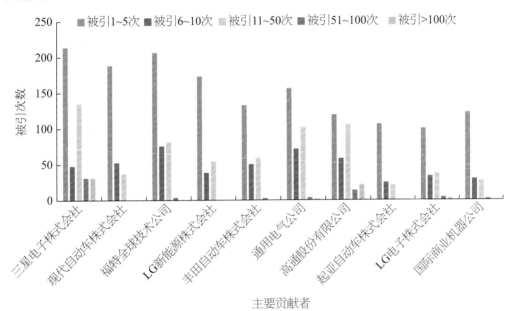

图 4-24　2011—2020 年美国专利主要贡献者的专利被引数量

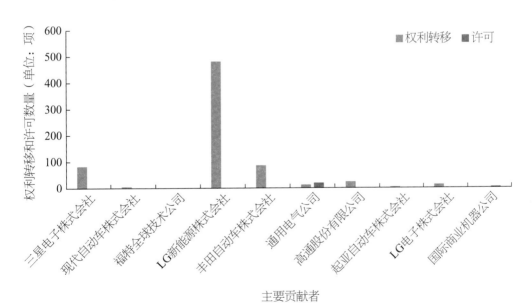

图 4-25　2011—2020 年美国专利主要贡献者的专利发生权利转移和许可数量

图 4-26 和图 4-27 展示了日本主要贡献者发表专利的影响力数据。其中，图 4-26 是专利被引数量的情况，图 4-27 是发生权利转移和许可数量的情况。由图可知，日本主要贡献

者中的各个公司被引情况都相对集中在1~50次,且各贡献者的专利都有较多数量存在被引,其中,丰田自动车株式会社被引次数最高,且存在高被引专利。统计范围内,这些专利主要贡献者不存在许可的发生,主要是权利转移,其中,村田制作所株式会社权利转移数量最高,其次是松下知识产权经营株式会社。同样,这里的数据是按照申请授权所在国家进行统计的,与申请人国籍无直接关联。

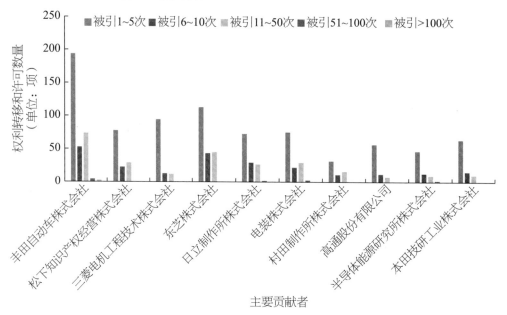

图 4-26 2011—2020 年日本专利主要贡献者的专利被引数量

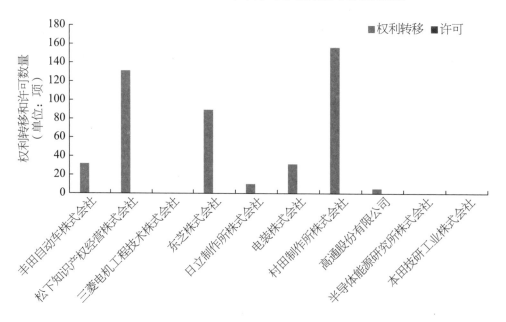

主要贡献者

图 4-27 2011—2020 年日本专利主要贡献者的专利发生权利转移和许可数量

　　图 4-28 展示了世界知识产权组织主要贡献者发表专利的影响力数据。其中仅存在专利被引数量的情况，因为 2011—2020 年世界知识产权组织主要贡献者发表专利的权利转移、许可数据为 0。图中显示，世界知识产权组织主要贡献者中被引情况都相对集中在 1~10 次，且各贡献者的专利有较多被引，其中西门子公司、高通股份有限公司被引次数较高，且存在高被引专利。

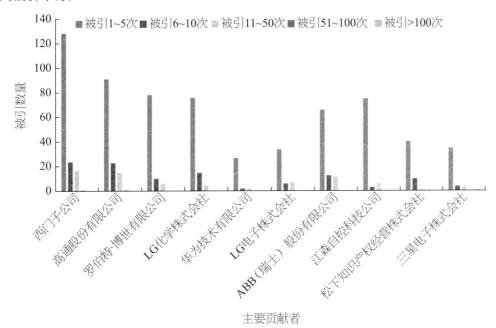

图 4-28　2011—2020 年世界知识产权组织专利主要贡献者发表的专利影响力数据

　　图 4-29 和图 4-30 展示了欧洲主要贡献者发表的专利影响力数据。其中，图 4-29 是专利被引数量的情况，图 4-30 是发生权利转移和许可数量的情况。图中显示，欧洲主要贡献者中的各个公司专利被引情况都相对集中在 1~10 次，其中通用电气公司、西门子公司总被引次数较高，LG 新能源株式会社存在 51~100 次的被引，三星电子株式会社存在 >100 次的高被引。欧洲主要贡献者专利许可数量为零，但是 ABB（瑞士）股份有限公司、LG 新能源株式会社、通用电气公司等权利转移的专利数量较高，结合被引情况来看，ABB（瑞士）股份有限公司产出的专利总体影响力较高。

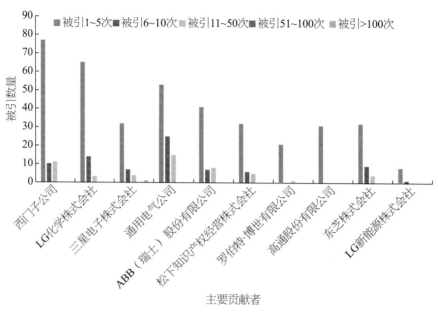

图 4-29　2011—2020 年欧洲专利主要贡献者的专利被引数量

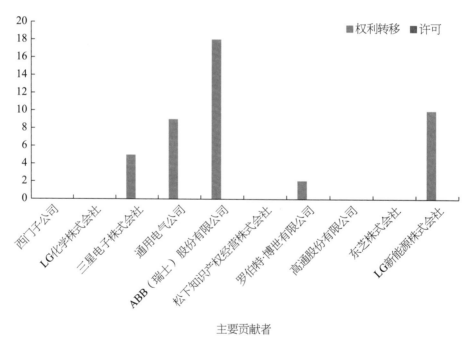

图 4-30　2011—2020 年欧洲专利主要贡献者的专利发生权利转移和许可数量

4.4　学术研究成果与专利研究成果对比

从图 4-31 学术出版物产出数量和专利产出的绝对数量上来看，2011—2020 年能源互联网领域产出的专利数量总体上比出版物数量多，出版物数量在 2020 年达到最大值 17 260，而专利数量在 2018 年达到峰值 24 054。这可能是由于出版物的产出是建立在专利基础之上的，多个专利可能共同贡献一份出版物。从增长变化情况来看，2011—2020 年能源互联网领域产出的出版物数量持续保持高速增长；而专利数量的年增长率较为波动，从 2011 年开始，国际上能源互联网领域专利数量逐年增加，其中 2016 年专利增长率最高，到 2018 年专利数量到达近 10 年的最大值，2018 年以后则呈现出下降趋势。但这里应当指出的是，出版物发表的时间周期通常相对于专利的申请较短，专利申请具有 2~3 年的公开期，所以出版物的数量能够呈现持续增长趋势，而专利数量在近 2~3 年看似略有下降。

图 4-31　2011—2020 年学术出版物与专利产出数量对比

总体来看，能源互联网领域的学术出版物产出和专利产出数量在 2011—2020 年呈现稳步增长的趋势，这说明学界与工业界在这一领域的创新水平和能力不断提高，也表明了世界各国学者对能源互联网研究价值的认识水平不断提升。

如图 4-32 所示，中国与全球其他学术产出大国在学术出版物产出和专利产出数量上，在学术产出方面，能源互联网领域学术出版物产出排在前 10 的国家中，中国在能源互联网领域的出版量最多，其次是美国和印度；能源互联网专利产出前 10 的国家（组织）中，中国的专利产出数量要远大于其他国家（组织），其次是美国。

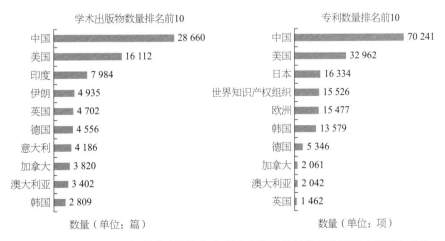

图 4-32　2011—2020 年学术出版物与专利产出数量排名靠前的国家（组织）对比

　　总体来看，中国在能源互联网领域学术出版物产出和专利产出中排名遥遥领先，产生了巨大的影响。而在整个排名中，无论是学术出版物还是专利产出，排名前 10 的国家（组织）数量相差还是比较大的，这说明和世界其他主要国家相比，中国在能源互联网领域创新能力具有一定的优势并处于国际第一梯队之中。

　　从图 4-33 中国与全球其他国家在能源互联网学术出版物和专利被引用次数来看，在学术出版物被引用次数方面，中国出版物被引用次数最多，其次是美国和伊朗；在专利被引用次数方面，中国专利被引用次数最多，其次是美国和世界知识产权组织。

　　总体来看，中国能源互联网的学术出版物和专利被引用次数最多，说明中国在能源互联网领域的研究具有较强的创新能力。美国学术出版物和专利被引用次数均排名第 2，与中国在数量上相差不大，说明美国在能源互联网领域的研究也具有较强优势。

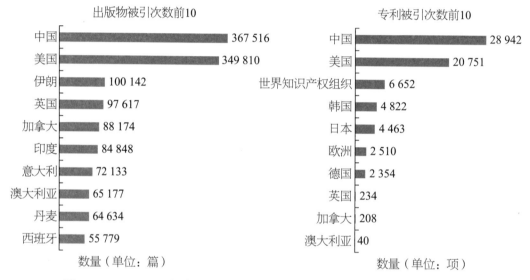

图 4-33　2011—2020 年学术出版物和专利被引用次数前 10 的国家（组织）对比

　　通过中国和其他主要国家的学术出版物与专利产出数量情况对比可知，虽然中国在能源互联网领域学术成果的数量始终处于领先地位，在能源互联网领域的产出量大是我们的优势，但在其成果质量和学术影响力方面与其他主要国家相比仍然存在差距，还需进一步通过创新驱动政策来提升学术产出的质量与影响力，以匹配我们国家在该领域全球领先的产出量。

4.5　本章小结

　　随着能源互联网的快速发展，该研究领域的关注度和吸引力不断提升，大量研究成果涌出，影响力日渐提升。本章建立了成果影响力评价指标，分别从学术产出、专利产出及研究机构与国家对比等方面研究了近 10 年能源互联网领域产出成果的影响力。

　　研究表明，能源互联网是一个快速发展的研究领域，相关的出版物与专利数量不断增加，特别是出版物质量和数量增长率普遍高于一般的能源领域和所有研究领域的平均水平，这反映出能源互联网近 10 年逐渐成为热点且高影响的研究领域。在期刊方面，*IEEE Transactions on Smart Grid*、*Applied Energy*、*Energy* 是刊出能源互联网领域论文最多的 3 本期刊。在成果数量方面，国际上能源互联网领域出版物数量排名前 20 的研究机构有 15 个来自中国，在专利申请机构国际排名前 20 的机构中有 4 家来自中国，中国在该领域的学术出版物产出量与总被引量、专利的产出量与总被引量均领先全球。在成果影响力方面，欧美等发达国家的研究成果在出版物引用影响力指标（归一化影响因子影响力指数）与引用次数方面较高，整体研究水平较高，成果影响力也较为广泛；中国在该领域成果的平均影响力与欧美发达国家仍存在一定差距。未来，中国应注重能源互联网领域成果"质"与"量"的均衡发展，不断扩大成果的影响力，吸引更多的研究人员参与，形成良性循环，促进能源互联网高质量发展。

第 5 章

能源互联网研究合作

学术出版物和技术专利作为技术合作创新过程中科技成果转化的主要载体，已经使得合作出版物和合作申请专利成为企业、高校、研究人员间合作、创新、发展最为重要的方式。近年来，网络化发展模式将学术合作和专利合作带入一个新的阶段，形成了一批以企业、研究人员、高校，以及科研院所等组成的能源互联网领域的合作网络。本章从能源互联网学术合作和专利合作两个角度出发，以合作成果为基础，通过评估不同类型的研究合作，如跨地域合作、学企合作和研究人员合作，构建能源互联网领域学术与专利的合作网络，分析能源互联网合作网络中网络主体的行为偏好和发展趋势。

5.1 能源互联网学术合作

5.1.1 跨地域合作

在跨地域合作方面，根据发文作者合作的关系，将合作类型分为以下 4 种：单一作者发文、同一机构内部合作发文、同一国家不同机构合作发文、国际间的合作发文。图 5-1 为 2011—2020 年能源互联网领域不同合作类型论文数量占比的变化趋势。

从图 5-1 可以看出，2011—2020 年以同一机构内部合作方式发表的出版物在 4 种方式中所占的比例始终最高，最高可达 47.1%。但是，从趋势上看，同一机构合作发表的出版物所占份额从 2011 年的 47.1% 降至 2020 年的 38.7%，而国际合作发表的出版物数量占比随时间呈现出逐年递增的趋势。这表明了国际间的交流合作更加紧密、频繁，是未来开展能源互联网研究的主要方式之一。

图 5-2 展示了 2011—2020 年能源互联网领域国际合作率和所有学科的平均国际合作率。其中，橙色线条表示的是所有学科平均国际合作率的逐年变化趋势，蓝色线条表示的是能源互联网领域国际合作率的逐年变化趋势。通过比较两条曲线可以发现，能源互联网领域

的国际合作学术产出份额从 2011 年的 14.5% 递增至 2020 年的 22.0%，且从 2013 年开始，能源互联网领域的国际合作率高于所有学科的平均国际合作率。

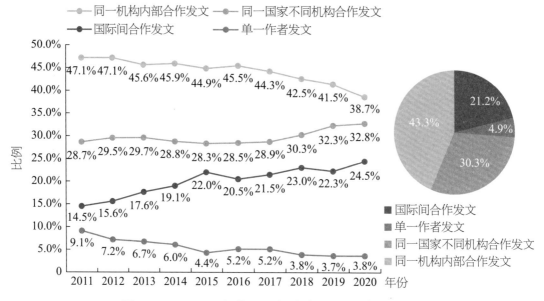

图 5-1　2011—2020 年能源互联网各合作类型论文数量占比

图 5-2　2011—2020 年能源互联网研究的国际合作率和所有学科的平均国际合作率

上述分析侧重于能源互联网发文数量。本节后续内容将进一步从出版物质量角度对能源互联网现状进行分析。图 5-3 表示的是 2011—2020 年不同合作类型的能源互联网出版物的归一化影响因子。可以发现，单一作者发文的归一化影响因子值最低，为 1.07；国际间合作出版论文的归一化影响因子值为 2.34，远高于其他合作类型的归一化影响因子值，这说明该类型的出版物质量较高。可以预测，随着时间的推移，国际间合作发文将越来越普遍，数量和质量将同时提升。

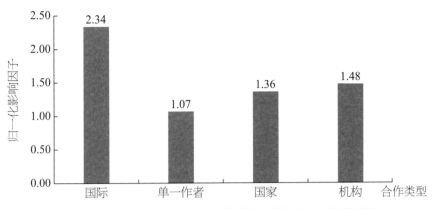

图 5-3　2011—2020 年不同合作类型的出版物归一化影响因子

图 5-4 表示的是 2011—2020 年能源互联网国际合作出版物数量、国际合作比率、归一化影响因子排名前 20 的机构。2011—2020 年，丹麦奥尔堡大学共计发表 1108 篇国际合作能源互联网出版物，数量占比高达 16.69%。其次是新加坡南阳理工大学，其发文量为 612 篇。清华大学在国际合作能源互联网出版物数量上位列第 3，共计 475 篇。排名前 3 的机构发文约占总发文量的 33.06%。

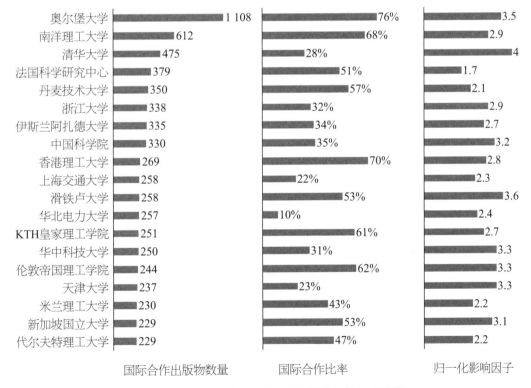

图 5-4　2011—2020 年国际合作出版物排名前 20 的机构

从国际合作率角度分析，奥尔堡大学更加注重国际间的交流合作，国际合作率排名第一。在出版物排名前 20 的机构中，中国机构数量达到 8 个，居首位。中国机构的国际合作率普遍较低，未来需要加强国际交流合作，共同推动该领域的不断前进。

图 5-5 是依据发文数量绘制的能源互联网国际合作网络图。图中，节点大小表示发文数量，节点颜色表示归一化影响因子值大小；线条粗细表示合作发文数量，线条颜色表示合作发文归一化影响因子值大小。具体图例如左下，由蓝色过渡到红色分别对应数据由少到多，图中英文缩写对应中文见附表 D。

从图 5-5 可以看出，在合作发文上，中国同美国、英国、丹麦、新加坡等 27 个国家均有着较为密切的合作，中美两国合作发文数量最多且合作发文的归一化影响因子也较高（国家缩写见表 5-1）。

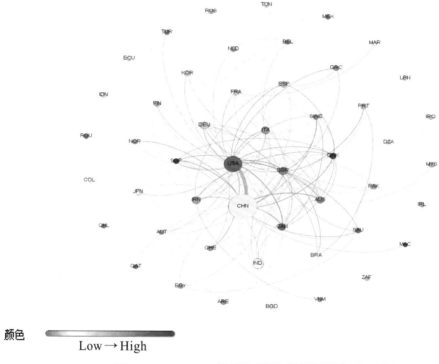

颜色 Low → High

图 5-5　2011—2020 年基于出版物数量的国际合作网络图

表 5-1 展示了全球能源互联网领域发文量的前 18 位国家。排名前 5 的国家包括中国、美国、印度、伊朗、英国。中国的发文数量遥遥领先各国，数量占比达到 29.31%。

表 5-1　2011—2020 年出版物数量排名前 18 的国家

国家缩写	国　　家	出版物总数
CHN	中国	28 660
USA	美国	16 112
IND	印度	7 984
IRN	伊朗	4 935
GBR	英国	4 702
DEU	德国	4 556

续表

国家缩写	国　　家	出版物总数
ITA	意大利	4 186
CAN	加拿大	3 820
AUS	澳大利亚	3 402
KOR	韩国	2 809
ESP	西班牙	2 773
JPN	日本	2 675
DNK	丹麦	2 330
BRA	巴西	2 280
FRA	法国	2 256
SGP	新加坡	1 541
NLD	荷兰	1 420
CHE	瑞士	1 343

图 5-6 是依据归一化影响因子绘制的能源互联网领域国际合作网络图。与图 5-5 不同之处在于其节点大小表示各个国家发文的归一化影响因子值大小。节点颜色同样表示各个国家发文的归一化影响因子值；线条粗细表示合作发文数量，线条颜色表示合作发文的归一化影响因子数值大小。具体图例见图 5-6 左下方，由蓝色过渡到红色分别对应数据由少到多。表 5-2 为归一化影响因子排名前 18 的国家和地区及其归一化影响因子数值，图中英文缩写对应中文见附表 D。

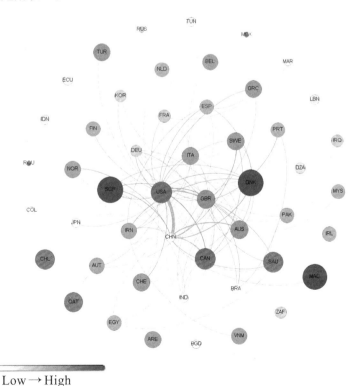

颜色 Low → High

图 5-6　2011—2020 年基于归一化影响因子大小的国际合作网络图

表 5-2　2011—2020 年归一化影响因子排名前 18 的国家和地区

国家缩写	国　　家	归一化影响因子
SGP	新加坡	2.86
DNK	丹麦	2.85
MAC	中国澳门地区	2.78
USA	美国	2.43
CAN	加拿大	2.4
SAU	沙特阿拉伯	2.34
CHL	智利	2.3
QAT	卡塔尔	2.26
GBR	英国	2.19
AUS	澳大利亚	2.16
SWE	瑞典	2.1
TUR	土耳其	2.1
CHE	瑞士	2.09
GRC	希腊	2.06
ITA	意大利	2.06
ARE	阿拉伯联合酋长国	2.06
NOR	挪威	2.03
VNM	越南	2.02

从国家出版物质量可知，中国内地出版物的归一化影响因子数值较低，与很多国家相比还存在较大的差距，从线条颜色可以看出各国合作出版物的质量，中国同美国之间的交流合作较多，在保证较高合作出版物质量的基础上，合作出版物数量也较多。

5.1.2　产学合作

在产学合作中，"产"是指产业界、企业，"学"是指学术界，包括大学与研究机构等。产学合作也被称为"校企合作"。在本节的分析中，产学合作是一个用来表示学术界和企业界作者合作次数的术语，可以用来表现跨部门的知识转移。

图 5-7 表示 2011—2020 年能源互联网领域学术与企业合作的出版物数量。从中可以发现，学术与企业合作发表的能源互联网论文共计 7 342 篇，呈现出逐年上升的趋势，年均增长率为 14%。

学术界与企业界在能源互联网领域和所有学科领域合作的比率如图 5-8 所示，产学合作率保持在 7.2%~8.5% 之间。而在所有学科领域，两者的产学合作率仅为 2.7% 左右。

通过比较图 5-7 和图 5-8 可以发现：学术与企业在能源互联网研究中的合作较为活跃。相比于所有学科领域，学术界与企业在能源互联网研究中的实体合作出版物份额较高。以上结果表明，在能源互联网领域，产学合作紧密结合，合作成果高于平均水平。

图 5-7 2011—2020 年学术界与产业界合作出版物数量统计

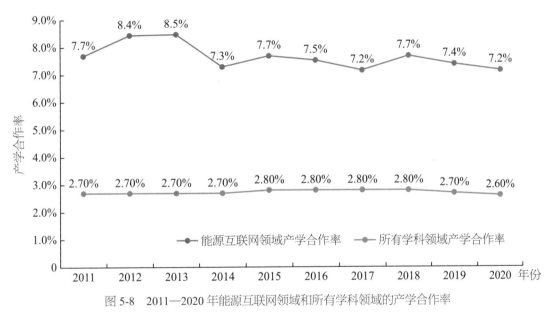

图 5-8 2011—2020 年能源互联网领域和所有学科领域的产学合作率

图 5-9 表示的是 2011—2020 年能源互联网领域的产学合作网络。图中，节点大小表示发文数量，节点的颜色表示归一化影响因子数值大小；线条粗细表示合作发文数量，线条颜色表示合作发文归一化影响因子数值的大小，机构名称对应的中文见附表 D。

可以看出，产学合作较为紧密的国家是中国，如中国国家电网公司分别同华北电力大学、清华大学、西安交通大学等国内知名高校保持着紧密的合作关系，但多数合作成果的归一化影响因子较低，说明合作成果的学术影响力还有待提高。

图 5-10 和图 5-11 给出了 2011—2020 年能源互联网领域学企合作出版物排名前 15 的企业和研究机构。

其中，图 5-10 是世界范围内的商业公司在能源互联网领域学术产出排名前 15 的对比情况。根据出版物数量排名可以看出，中国国家电网公司、中国电力科学院、广东电网公司分别占据前 3 名，前 3 名的出版物数量占出版物总数的 67.25%，遥遥领先国外公司。康采恩公司（E.ON）、西门子公司（Siemens）、奥菲斯信息技术学院（Offis Institute for Information Tec）、ABB 集团（ABB Group）在归一化影响因子指数上排名靠前，出版物质量远高于其他研究机构。总体上，国内能源互联网商业公司在出版物质量以及实际应用上需进一步加强。

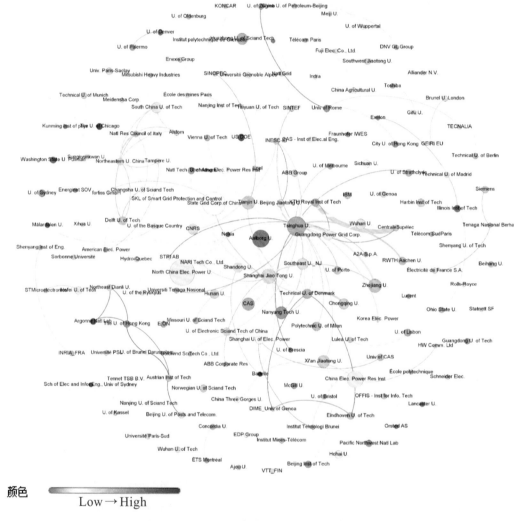

图 5-9　2011—2020 年能源互联网产学合作网络

图 5-11 表示的是世界范围内的高等院校在能源互联网领域学术产出排名前 15 的对比情况。在出版数量方面，华北电力大学、清华大学、天津大学分别占据前 3 名，前 3 名出版物数量约占总出版物数量的 36.93%。而针对归一化影响因子方面，亚琛工业大学（RWTH Aachen University）的出版物质量水平最高，其次是浙江大学以及法国国家科学研究中心（CNRS）。在排名前 15 的榜单中，中国高校占 12 个。这表明，能源互联网也是中国高校的主要研究方向之一。

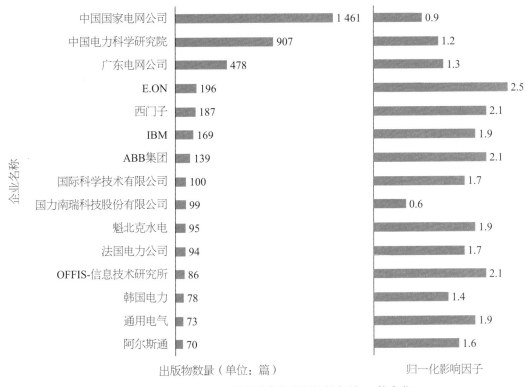

图 5-10　2011—2020 年产学合作出版物排名前 15 的企业

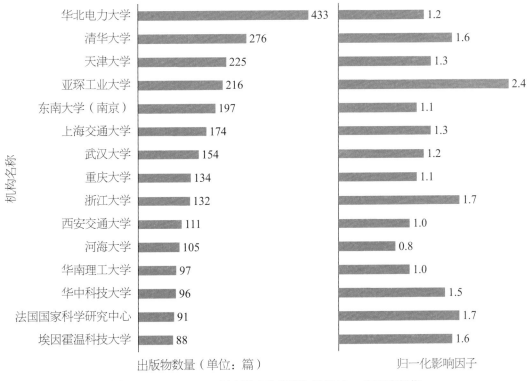

图 5-11　2011—2020 年产学合作出版物排名前 15 的研究机构

5.1.3 作者合作

图 5-12 是基于能源互联网领域发表论文的顶级合作作者协作网络。其中节点大小和节点颜色分别表示发文数量和归一化影响因子数值大小，线条颜色和线条粗细分别表示合作发文数量和合作发文的归一化影响因子大小。可以看出，以 Wu J、Wang J 为代表的中国人 / 海外华人作者发文数量较多，同时质量也较高；Dragicevic T、Guerrreo J 等作者与其他作者间的合作密集，合作成果较多，作者名称缩写对应的全称见附表 D。

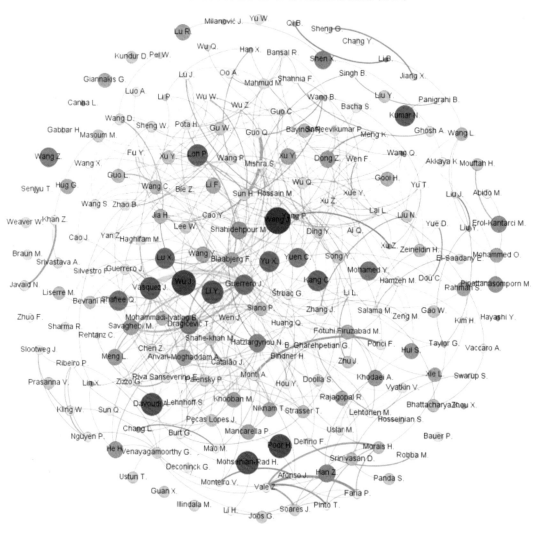

(High to Low)

图 5-12　2011—2020 年顶级学术合作作者协作网络

表 5-3 为图 5-12 中发文归一化影响因子排名前 20 的作者信息、发文的归一化影响因子，以及对应的机构。对比图表可以发现，中国人 / 海外华人作者发文归一化影响因子在发文归一化影响因子最高的前 20 中数次上榜，出版物质量整体较高。

表 5-3 2011—2020 年顶级学术合作作者发文的归一化影响因子及所属机构

作 者 名 称	归一化影响因子	机 构
Wang, Jian Hui	6.46	南卫理公会大学
Wu, Jian Zhong	6.06	卡迪夫大学
Vincent Poor, Harold Vincent	5.67	普林斯顿大学
Wei Li, Yunwei Ryan	5.51	阿尔伯塔大学
Mohsenian-Rad, Hamed	5.48	加州大学河滨分校
Davoudil, Ali	5.43	德克萨斯大学阿灵顿分校
Vasquez, Juan Carlos	5.27	奥尔堡大学能源技术系
Poh Chiang, Poh Chiang	5.13	香港中文大学电子工程学系
Kumar, N. Sathish	5.01	塔帕尔工程技术学院计算机科学与工程系
Yu, Xing Huo	4.93	皇家墨尔本理工大学
Lu, Xiao Nan	4.91	天普大学天普大学工程学院
Kang, Chong Qing	4.90	清华大学
Maria Guerrero, José Miguel	4.75	奥尔堡大学
Shafiee, Qobad	4.64	库尔德斯坦大学
Wang, Zhong Lin	4.55	中国科学院大学
Yuen, Chau	4.54	新加坡科技设计大学
Dragicevic, Tomislav	4.51	丹麦技术大学
Ibrahim Mohamed, Yasser Abdel Rady Ibrahim	4.43	阿尔伯塔大学
Shen, Xue Min (Sherman)	4.25	滑铁卢大学
Hatziargyriou, Nikolaos D.	4.21	雅典国立技术大学电气与计算机工程学院

图 5-13 为 2011—2020 年基于能源互联网领域已发表论文的顶尖产出作者协作网络图。其中，节点大小表示发文数量，节点的颜色表示归一化影响因子数值大小；线条粗细表示合作发文数量；线条颜色表示合作发文归一化影响因子数值的大小。

表 5-4 具体展示了图 5-13 中发文量前 20 名作者的发文数量及所属机构具体信息。可以发现，隶属于奥尔堡大学的 Guerrero J、Vásquez J. Blaabjerg F 等人在该领域的发文数量较高。中国能源互联网领域的顶尖产出作者中，清华大学的孙宏斌、郭庆来等人排名靠前，是中国能源互联网领域研究的领军人物之一。

Guerrero J 是能源互联网研究中的重要推动者之一，其发文数量和质量均保持着较高水平。与此同时，该作者与其他作者广泛合作，尤其是 Vasquez J，两人的合作出版物数量较多，影响力也较高。海外华人作者 Wang J 在能源互联网领域中保持较高的活跃度，个人出版物影响力较高，并积极开展合作研究。

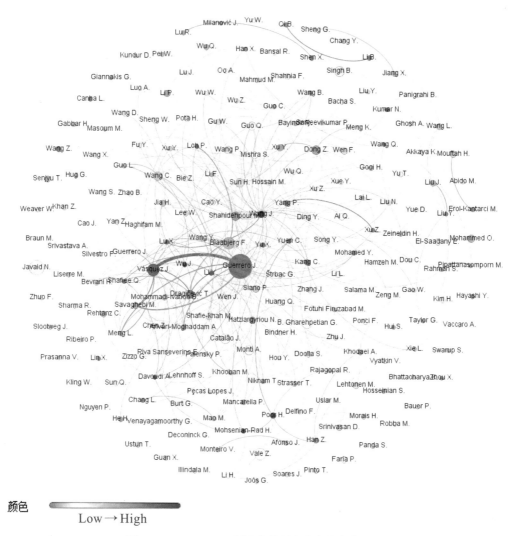

图 5-13　2011—2020 年论文的顶尖产出作者合作网络

表 5-4　2011—2020 年顶级学术产出作者的发文数量及所属机构

出版物数量(篇)	作者名称	索引作者姓名	机构名称
527	Maria Guerrero, José Miguel	Guerrero J.	奥尔堡大学
307	Javaid, Nadeem	Javaid N.	伊斯兰堡 COMSATS 大学
242	Vasquez, Juan Carlos	Vásquez J.	奥尔堡大学
234	Blaabjerg, Blaabjerg	Blaabjerg F.	奥尔堡大学
227	Vale, Zita A.	Vale Z.	波尔图理工学院
208	Babamalek Gharehpetian, Gevork Babamalek	B. Gharehpetian G.	阿米尔卡比尔科技大学
187	Singh, Bhim S.	Singh B.	印度理工学院德里
183	Da Silva Catalao, Joao Paulo	Catalão J.	波尔图大学
167	Yang-Dong, Zhao Yang	Dong Z.	新南威尔士大学悉尼分校
166	Monti, Aiitoiiello	Monti A.	亚琛工业大学

出版物数量(篇)	作 者 名 称	索引作者姓名	机 构 名 称
160	Sun, Hong Bin	Sun H.	清华大学
157	Chengshan, Chengshang	Wang C.	天津大学
152	Shahidehpour, S. Mohammed	Shahidehpour M.	伊利诺伊理工学院
148	Dragicevic, Tomislav	Dragičević T.	丹麦技术大学
145	Guo, Qing Lai	Guo Q.	清华大学
137	Wang, Peng	Wang P.	南洋理工大学
133	Mohammed, Osama A.	Mohammed O.	佛罗里达国际大学
122	Fushuan, Fushuan S.	Wen F.	浙江大学
120	Xu, Yan	Xu Y.	南洋理工大学
112	Wang, Jian Hui	Wang J.	南卫理公会大学

5.2　能源互联网专利合作

5.2.1　国际专利申请合作

图 5-14 展示了国际能源互联网合作申请的专利数量变化趋势。从图中可以看出，能源互联网领域合作申请的专利数量在 2013 年下降后，又呈现逐年增长的趋势。2018 年以后呈现下降趋势，主要是由于专利的审查具有 3 年左右的时间滞后性造成的。从专利授权占比来看，2014 年专利授权占比最高，达到 67.49%，随后专利授权占比呈现逐年下降趋势。2014—2017 年专利授权占比基本呈现平稳趋势。发明专利从申请到授权时间多为 3 年，2019—2020 年申请的专利大多处于审查阶段，尚未授权，导致 2018 年以后专利授权数量呈现下降趋势。

图 5-14　2011—2020 年合作申请的专利数量统计

5.2.2 主要国家和组织专利申请合作

图 5-15 给出了全球主要国家（组织）合作申请专利数量。中国在国际能源互联网领域合作申请的专利数量最高，其次为世界知识产权组织、美国、韩国、日本和欧洲专利局。

图 5-16 展示了全球主要国家（组织）合作申请专利数量占比。世界知识产权组织合作申请的专利数量在其总专利数量中占比最高，为 20.61%；其次为中国，中国合作申请的专利数量在中国总专利数量中占比为 18.00%；随后排名是韩国、德国和澳大利亚，占比分别为 7.68%、7.50%、6.07%。美国在能源互联网领域的专利总数量位列第 3，但美国在国际能源互联网领域合作申请的专利数量占比较低，仅为 4.06%。从全球主要国家（组织）合作申请专利数量占比变化的角度分析，主要国家（组织）合作申请的专利数量占比均不高，与能源互联网学术合作相比，专利申请领域的合作率较低。

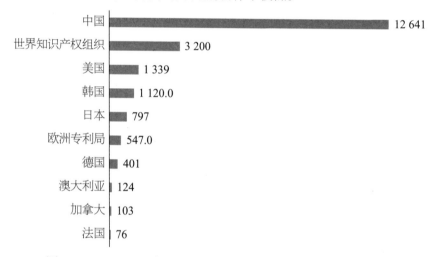

图 5-15　2011—2020 年主要国家（组织）专利合作数量（单位：项）

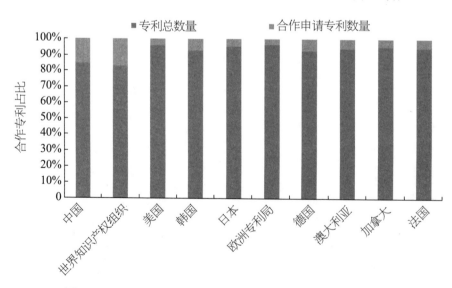

图 5-16　2011—2020 年主要国家（组织）合作申请专利数量占比

图 5-17 展示了主要国家（组织）合作申请专利数量的变化趋势。中国在能源互联网领域合作申请的专利数量从 2011 年开始呈现持续增长趋势，而世界知识产权组织在能源互联网领域合作申请的专利数量从 2011 年开始呈现明显的下降趋势，其他国家（组织）在能源互联网领域合作申请的专利数量保持平稳趋势。

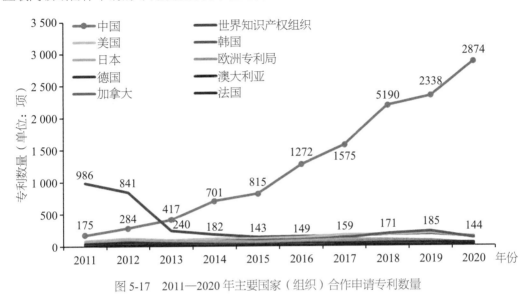

图 5-17　2011—2020 年主要国家（组织）合作申请专利数量

5.2.3　主要机构专利申请合作

表 5-5 给出了国际能源互联网领域合作申请专利数量排名前 10 的机构。从合作申请的专利数量排名角度分析，国际能源互联网合作申请专利数量排名前 10 的申请机构分别是中国国家电网公司、中国电力科学研究院有限公司、现代自动车株式会社、国网江苏省电力有限公司（下称"江苏省电力公司"）、起亚自动车株式会社、国电南瑞科技股份有限公司、华北电力大学（保定）、国网浙江省电力有限公司、清华大学、国网天津市电力公司。

专利产出数量排名第 1 的是国家电网公司，专利数量高达 8 079 项，其他机构的专利产出数量均低于 2 000。国家电网公司专利产出数量大幅领先其他机构。这从侧面证明了国家电网公司对能源互联网发展的重视与投入程度，也与其"建设具有中国特色国际领先的能源互联网企业"战略目标相吻合。从国别分析，韩国虽整体专利数量无法与中、美相比，但其部分企业仍具有良好的技术积累与强劲的竞争力。

表 5-5　2011—2020 年合作申请专利数量排名前 10 的机构

排　　名	机 构 名 称	合作申请专利数量
1	中国国家电网公司	8 079
2	中国电力科学研究院有限公司	1 801
3	现代自动车株式会社	1 179

排　名	机 构 名 称	合作申请专利数量
4	江苏省电力公司	1 144
5	起亚自动车株式会社	1 121
6	国电南瑞科技股份有限公司	805
7	华北电力大学（保定）	594
8	国网浙江省电力有限公司	570
9	清华大学	524
10	国网天津市电力公司	506

图 5-18 展示了国际能源互联网合作专利申请数量排名前 10 的申请机构专利数量年变化趋势。中国国家电网公司合作申请的专利数量远高于其他机构，2011—2017 年，中国国家电网公司合作申请的专利数量呈逐年增加趋势。除中国国家电网公司外，其他机构合作申请的专利数量逐年呈现比较平稳的增长趋势。

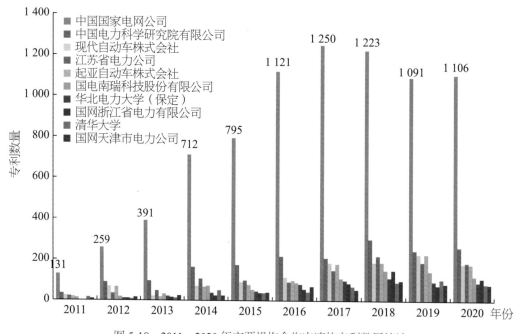

图 5-18　2011—2020 年主要机构合作申请的专利数量统计

表 5-6 展示了国际能源互联网领域合作申请专利数量排名前 5 的机构前 10 名合作对象。从合作对象的国别角度分析，国际能源互联网领域合作申请专利数量前 5 的机构与其前 10 名合作机构均属于同一国家，说明在能源互联网领域机构之间跨国合作进行专利申请的情况很少出现。

表 5-6　2011—2020 年合作申请专利数量排名前 5 的前 10 名合作对象

排名	机构名称	合作数量排名前的10合作对象
1	中国国家电网公司	（1）中国电力科学研究院有限公司 （2）江苏省电力公司 （3）国网天津市电力公司 （4）国电南瑞科技股份有限公司 （5）南瑞集团有限公司 （6）国网北京市电力公司 （7）国网辽宁省电力有限公司 （8）国网山东省电力公司菏泽供电公司 （9）国网浙江省电力有限公司 （10）华北电力大学
2	中国电力科学研究院有限公司	（1）中国国家电网公司 （2）江苏省电力公司 （3）国网浙江省电力有限公司 （4）国网上海市电力公司 （5）国网北京市电力公司 （6）国网天津市电力公司 （7）国网福建省电力有限公司 （8）国网江苏省电力有限公司电力科学研究院 （9）国网甘肃省电力公司 （10）国网青海省电力公司
3	现代自动车株式会社	（1）起亚自动车株式会社 （2）现代自动车美国技术研究所 （3）成均馆大学校产学协力团 （4）翰昂汽车零部件有限公司 （5）明知大学产学协力团 （6）裕罗有限公司 （7）汉阳大学校产学协力团 （8）首尔大学校产学协力团 （9）蔚山科学技术院 （10）建国大学产业协力团
4	江苏省电力公司	（1）中国国家电网公司 （2）中国电力科学研究院有限公司 （3）国电南瑞科技股份有限公司 （4）国网江苏省电力有限公司电力科学研究院 （5）南瑞集团有限公司 （6）江苏省电力试验研究院有限公司 （7）江苏方天电力技术有限公司 （8）国网江苏省电力有限公司经济技术研究院 （9）国电南瑞南京控制系统有限公司 （10）华北电力大学
5	起亚自动车株式会社	（1）现代自动车株式会社 （2）现代自动车美国技术研究所 （3）成均馆大学校产学协力团 （4）翰昂汽车零部件有限公司 （5）裕罗有限公司 （6）明知大学产学协力团 （7）汉阳大学校产学协力团 （8）首尔大学校产学协力团 （9）东亚大学校产学协力团 （10）蔚山科学技术院

5.2.4 中国专利申请合作

1. 国内外专利申请合作情况

图 5-19 展示了国内外企业专利合作情况。可以看出，2011—2020 年合作申请专利数量仅为 217 项，国际合作在 2017 年数量最高，为 44 项。中国在能源互联网领域专利申请数量虽一直遥遥领先，但中国在能源互联网领域申请的专利大多集中在国内合作。从数量趋势上看，国内企业同国外企业合作专利数量较少。

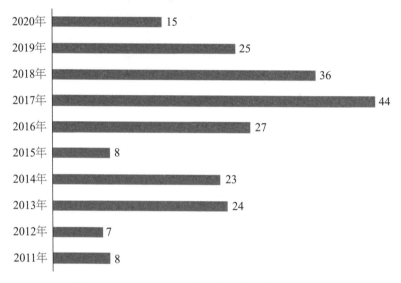

图 5-19   2011—2020 年国内外企业专利合作数量统计

2. 国内专利申请合作情况

表 5-7 给出了国内企业合作申请专利数量排名前 20 的机构。从表中可以看出，国内企业合作申请专利数量排名前 5 名的机构分别是中国国家电网公司、中国电力科学研究院有限公司、国电南瑞科技股份有限公司、国网江苏省电力有限公司、清华大学。

表 5-7   2011—2020 年国内企业合作申请专利数量排名前 20 名的机构

序　号	机 构 名 称	合作申请专利数量
1	中国国家电网公司	8 302
2	中国电力科学研究院有限公司	1 811
3	国电南瑞科技股份有限公司	833
4	江苏省电力公司	545
5	清华大学	518
6	华北电力大学	494
7	国网天津市电力公司	493
8	国网上海市电力公司	470
9	南方电网科学研究院有限责任公司	440

序　号	机 构 名 称	合作申请专利数量
10	广东电网有限责任公司	439
11	东南大学	404
12	国电南瑞南京控制系统有限公司	394
13	国网浙江省电力有限公司	364
14	国网北京市电力公司	342
15	南瑞集团有限公司	338
16	许继集团有限公司	314
17	中国南方电网有限责任公司	293
18	国网山东省电力公司电力科学研究院	291
19	上海交通大学	283
20	国网辽宁省电力有限公司电力科学研究院	275

表 5-8 展示了国内企业合作申请专利数量排名前 3 的机构合作网络。可以看出，中国国家电网公司、中国电力科学研究院有限公司、国电南瑞科技股份有限公司的主要合作对象是同行业企业和上下游企业。

表 5-8　2011—2020 年国内企业合作申请专利数量排名前 3 的机构主要合作方

序　号	主要申请人	合作机构
1	中国国家电网公司	中国电力科学研究院有限公司 江苏省电力公司 国网天津电力公司 国电南瑞科技股份有限公司 南瑞集团有限公司 国网北京市电力公司 国网辽宁省电力公司 国网山东省电力公司菏泽供电公司 国网浙江省电力有限公司
2	中国电力科学研究院有限公司	中国国家电网公司 江苏省电力公司 国网浙江省电力有限公司 国网上海市电力公司 国网北京市电力公司 国网天津市电力公司 国网福建省电力有限公司 国网江苏省电力有限公司电力科学研究院
3	国电南瑞科技股份有限公司	中国国电电网公司 国电南瑞南京控制系统有限公司 南瑞集团有限公司 江苏省电力公司 国网电力科学研究院有限公司 国网江苏省电力公司 国网浙江省电力有限公司 国网宁夏电力有限公司 国网江苏省电力有限公司电力科学研究院 国网上海市电力公司

图 5-20 展示了国内校企合作专利申请数量情况。校企合作申请的专利数量从 2011 年开始逐年增加，说明国内在能源互联网领域的产学研合作不断增强。

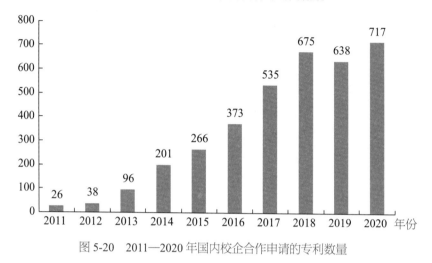

图 5-20　2011—2020 年国内校企合作申请的专利数量

表 5-9 展示了国内能源互联网校企合作的主要高校及其合作机构。可以看出，清华大学、华北电力大学、东南大学和浙江大学是国内能源互联网领域企业申请专利的主要合作高校。

表 5-9　2011—2020 年国内校企合作的主要高校及其合作机构

序　号	主要申请人	合　作　机　构
1	清华大学	中国国家电网公司 清华四川能源互联网研究院 国网青海省电力公司 国网北京市电力公司 国网安徽省电力有限公司 江苏省电力公司 国网冀北电力有限公司 国网经济技术研究院有限公司 深圳供电局有限公司 中国电力科学研究院有限公司
2	华北电力大学	中国国家电网公司 中国电力科学研究院有限公司 国网浙江省电力有限公司 国网甘肃省电力公司 江苏省电力公司 国网河北省电力有限公司 国网甘肃省电力公司电力科学研究院 国网经济技术研究院有限公司 国网天津市电力公司 南方电网科学研究院有限责任公司
3	东南大学	中国电力科学研究院有限公司 江苏省电力公司 国网天津市电力公司
4	浙江大学	国网浙江省电力有限公司

从国内能源互联网专利申请参与合作的企业来看，中国国家电网公司是校企合作的首位参与机构。图 5-21 展示了与中国国家电网公司在专利申请方面合作的高校。中国国家电网公司在能源互联网专利申请的高校合作网络非常广泛，除了华北电力大学、清华大学和东南大学外，还与天津大学、上海交通大学等 36 所高校均有合作，这说明中国国家电网公司非常重视与高校的合作创新，在生产过程中引入先进的前沿科技。

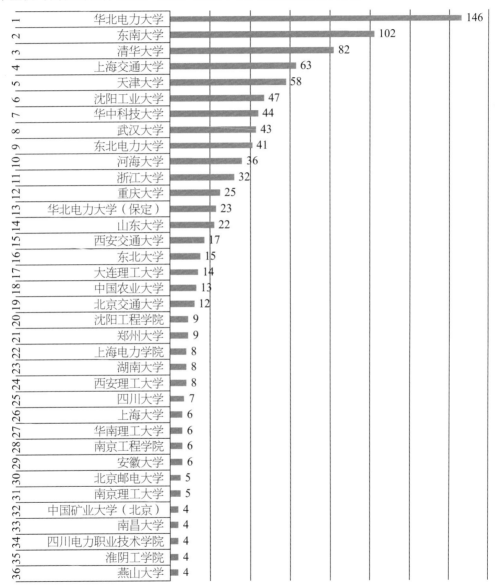

图 5-21　2011—2020 年与国家电网合作申请专利的高校排名

5.3　能源互联网学术和专利合作对比

图 5-22 是 2011—2020 年能源互联网国际合作出版物和专利申请数量排名前 10 的机构。从图可以看出，学术合作和专利合作产量排名前 10 的机构差别较大，说明了大部分机构在能源互联网领域上的合作偏好明显，企业倾向于专利合作，高校则较为集中于学术合作。

在这些顶级机构中，学术合作出版物数量前 10 的有 5 个是中国机构，而合作申请专利数量前 10 的机构中有 8 个中国机构，这表明中国机构极其重视能源互联网领域的合作研究，并且扮演着重要角色。其中，清华大学是唯一同时出现在能源互联网国际合作出版物和合作申请专利数量排名前 10 的机构，相应数量分别为 475 篇和 524 项，名次分别位于第 3 名和第 9 名。由此可见，清华大学在能源互联网领域的关注面广泛，积极参与国际合作并取得了重要成果，是能源互联网研究中的重要力量。

来自韩国的现代自动车株式会社和起亚自动车株式会社在合作申请专利方面表现突出。此外，分别来自丹麦和新加坡的奥尔堡大学和南洋理工大学在学术合作出版物数量上占据前 2 名，但在专利合作上需进一步加强。

从机构属性上看，能源互联网国际学术合作出版物数量前 10 的机构基本为大学和研究中心，凸显出学术合作具有专业性强以及深度研究的特点。而合作申请专利数量前 10 的机构大部分为企业，表明合作专利的实践应用价值被大量企业重视。

图 5-23 给出了 2011—2020 年能源互联网国际合作出版物和专利申请数量年变化趋势。学术合作出版物和合作专利申请数量总体上呈现逐步上升趋势，大量研究机构活跃在能源互联网领域，通过学术合作或者专利合作的方式推动能源互联网领域的技术创新与发展。2011—2020 年的每一年合作申请专利数量以及总量均大幅超过学术合作出版物数量，表明能源互联网专利申请合作领域一直都保持着较高的活跃度。

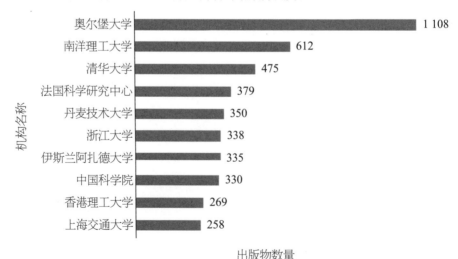

（a）学术合作出版物数量排名前 10 的机构

图 5-22　2011—2020 年国际合作出版物和合作申请专利数量排名前 10 的机构

（b）合作申请专利数量排名前 10 的机构

图 5-22（续）

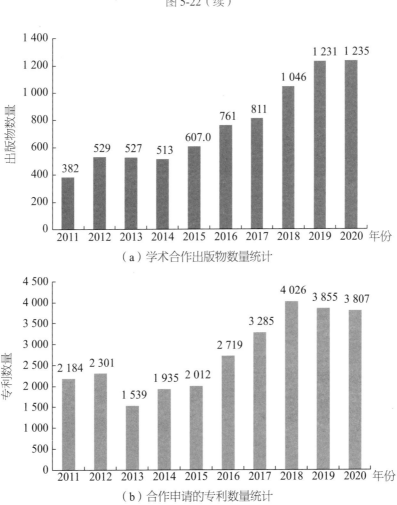

（a）学术合作出版物数量统计

（b）合作申请的专利数量统计

图 5-23　2011—2020 年合作出版物和合作申请专利数量对比

5.4　本章小结

随着能源互联网研究领域的不断扩大与纵深发展，所研究的问题日益复杂化，科研活动越来越趋向协同配合，合作已成为科学研究的一种重要组织模式。国际合作交流是实现能源互联网技术突破的有效方式，也是推动能源互联网持续发展的重要途径。本章基于学术和专利的合作成果，探讨能源互联网领域的国际合作情况。

研究表明，在能源互联网学术合作领域，能源互联网领域的国际合作率高于其他学科的国际合作率，这不仅有助于多方优势互补，还可提高成果影响力。在产学合作方面，学术与企业的合作较为活跃。双方重视技术在项目实践中的应用，努力推动相关技术同市场的有效结合。与学术合作不同，在能源互联网专利合作领域中，跨国合作情况较少，自主研究与国内合作仍是主要组织模式，合作对象主要是同行业企业和上下游企业。中国同美国、英国、丹麦、新加坡等 27 个国家均保持一定量的专利合作。未来，中国专利国际合作有待进一步扩展。

第 6 章

能源互联网示范工程

能源互联网示范工程是能源互联网技术及成果的率先验证与展示，对能源互联网的研究及对应的业态模式创新应用均具有重要意义。本章介绍了上述具有代表性的能源互联网示范工程，对其发展情况、特色技术与典型应用场景进行了总结归纳。

当前，世界多国出台激励性政策法规推动能源互联网发展。中国相继发布了《能源技术革命创新行动计划（2016—2030 年）》《关于推进"互联网＋"智慧能源发展的指导意见》等一系列国家政策法规。美国提出了《清洁能源革命与环境正义计划》等一系列政策方案。欧洲先后出台了《2030 气候与能源政策框架》《2050 长期战略》等一系列政策措施。另外，各国研究机构不断加大能源互联网领域的资助力度。2011—2020 年，中国国家自然科学基金委资助能源互联网领域项目约 804 项。美国国家科学基金会资助了近 979 项能源互联网项目，其代表性项目有"超广域弹性电能传输网络工程"。由欧洲科研部门着手实行的"地平线 2020 框架计划"资助了 466 项能源互联网项目，代表性项目有"Inter Connect 连接智能家庭、建筑和电网的可互操作的解决方案"。在各类政策法规鼓励、引导和研究机构大力资助下，国内外众多高校、研究机构和企业投入到能源互联网的研究开发和应用实践中，相继建设了一批能源互联网示范工程，取得了较多的技术积累。

在能源互联网技术体系中，能源互联网从多能融合能源网络技术、信息物理能源系统技术、创新能源运营模式 3 个层次在能源生产与转换技术、能源传输技术、能源消费技术以及能源储存技术 4 个方面快速发展，日渐成熟。按照应用技术的特点，国内外能源互联网示范工程大致可分为下述几种类型：

（1）绿色低碳型能源互联网示范工程。依托清洁能源，融入大数据、云计算、物联网等技术，完成多种能源一体化智能管理，实现绿色化、低碳化的建设目标。如雄安近零碳建筑示范项目、小岗村美丽乡村综合智慧能源工程、德国欧瑞府（EUREF）零碳园区示范工程、英国奥克尼智慧综合能源系统示范项目和国家电投总部大楼智慧楼宇项目，工程涉及"风电场""光伏系统""综合能源系统""能量管理"等能源互联网关键元素。

（2）智能基础设施型能源互联网示范工程。通过装设智能基础设施模块，充分应用移动互联、人工智能等现代信息技术、先进通信技术，实现电力系统各环节万物互联、人机交互。如苏州工业园区智慧能源示范工程和美国未来可再生电能传输与管理系统项目（FREEDM），工程涉及"物联网""先进计量基础设施""智能电表"等能源互联网关键元素。

（3）多能互补型能源互联网示范工程。通过风、光、储等不同能源互补互济，提高电源侧的调节灵活性，提升能源系统的综合利用效率，缓解能源供需矛盾，构建丰富的清洁低碳供能结构体系。如苏州同里区域能源互联网示范区、珠海"互联网+"智慧能源示范工程和美国加州大学圣地亚哥分校微电网工程，其涉及"智能电网""储能""分布式发电""电动汽车""优化控制策略""可再生能源"等能源互联网关键元素。

（4）灵活交易型能源互联网示范工程。基于虚拟电厂平台，促进能源市场交易。如欧洲 Next Kraftwerk 虚拟电厂项目和英国 Local Energy Oxfordshire 示范项目，其涉及"能源交易""区块链""电力市场"等能源互联网关键元素。

（5）能源大数据型能源互联网示范工程。将能源数据进行综合采集、处理、分析与应用，实现能源服务水平提升，用户需求更好满足，消费者满意度提升。如广州大型城市能源互联网示范工程、全球天然气资源供需资讯系统和美国山核桃街智能电网示范项目，工程涉及"数据驱动""物联网""相量测量单元"等能源互联网关键元素。

6.1 绿色低碳型能源互联网示范工程

6.1.1 雄安近零碳建筑示范项目

1. 项目背景

设立河北雄安新区，是以习近平总书记为核心的党中央深入推进京津冀协同发展做出的一项重大决策部署，是继深圳经济特区和上海浦东新区后又一具有全国意义的新区，是千年大计、国家大事。

容东片区是雄安新区最先开发建设的重点区域，也是新区第一个投入使用的片区，中国国家电网公司为了服务容东片区，提供高品质用电服务和全天候、全方位供电保障，在容东片区西北角建设了雄安容东供电服务中心。该中心东邻医院，西侧紧邻新区南北景观主轴，西北面是悦容公园，景观资源十分优渥。

为助力雄安新区近零碳示范区建设，响应新区绿色建筑高质量发展指导意见，国网雄安综合能源服务有限公司将容东供电服务中心建成了"近零碳的清洁化、可感知的数字化、有智慧的电气化"楼宇，为未来零碳智慧建筑提供示范样本。

2. 技术应用情况

容东供电服务中心位于雄安新区容东片区西北角 C1-01-06 地块，占地面积 3 685m²，建筑面积 9 942.85m²，总共 7 层。项目以"中国特色国际领先的能源互联网企业"为战略目标，贯彻落实"协同、共享、规范、高效"的总体思路，按照"近零碳的清洁化、可感知的数字化、有智慧的电气化"的建设思路，集聚能源及互联网领域先进的技术和理念，建成了包含"清洁能源—储能—直流照明"的低压直流生态体系，利用屋顶光伏，以楼宇照明为应用场景，通过直流快速充电等技术实现园区的高效用能、有序用能，建设近零碳的清洁化楼宇；依托数字孪生技术，以"环境空间""工作空间""设备空间"的三维一体模型为载体，构建容东供电服务中心空间基础设施，通过安装 1 154 个感知设备，建设涵盖"楼宇总览""绿色运行""态势感知""品质管控"4 个功能的数字化楼宇智慧运维管控系统，实现楼宇数字孪生全息互联，打造可感知的数字化楼宇。容东供电服务中心不再只是单纯的工作场所，而是注重人文设计的智慧办公空间，楼宇聚焦智慧生产智享生活，实现楼宇设备全电驱动、全电互联，打造无化石能源消耗的、有智慧的电气化楼宇。主要建设内容如下：

（1）构建"清洁能源—储能—直流照明"的低压直流生态体系

利用屋顶建设光伏发电，在地下二层配置储能设备，建设楼宇直流办公照明，构建了一个融合高效发电、安全储电、可靠变电、灵活用电、能源实时控制、信息集中管理的直流生态系统，基于能源管理系统进行能量管理，最大化实现系统节能，达到能量自维持，实现源—网—荷—储的全要素直流呈现（见图 6-1）。

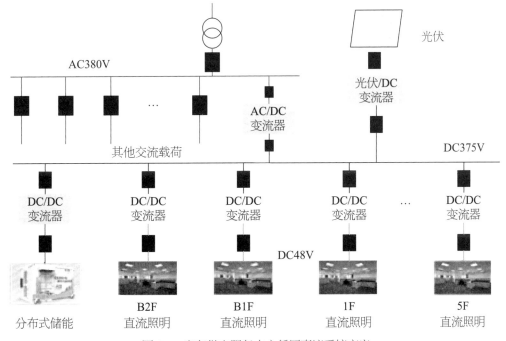

图 6-1　容东供电服务中心低压直流系统方案

在楼宇屋顶安装光伏组件总容量为 140.33kWp，采用 CdTe 光伏组件，直接接入直流电能路由器，系统年平均发电 15.44 万 kW·h，每年减少碳排放 131.7t（见图 6-2）。

图 6-2   容东供电服务中心分布式光伏系统

直流配电柜布置在 AC/DC 双向变流器旁侧，内置 11 路进出线，其中 AC/DC 进线 1 路，光伏进线 1 路，储能进线 1 路，各楼层照明供电共 6 路，备用 2 路，直流配电网络图如图 6-3 所示。在 AC/DC 与进线短路器之间配置 1 块直流双向电能表，在 375V 直流母线配置浪涌保护器 1 个。

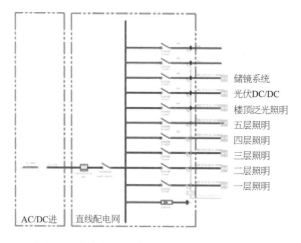

储镜系统
光伏DC/DC
楼顶泛光照明
五层照明
四层照明
三层照明
二层照明
一层照明

AC/DC进   直线配电网

图 6-3   容东供电服务中心直流配电网络系统

如图 6-4 所示，为促进光伏系统就地消纳，从技术、经济、环保性出发，建设了 100kW/400kW·h 高可靠性铅碳储能系统，电池单体额定电压/容量为 12V/200Ah，50%DoD 循环寿命可达 4 000 次，可保障直流系统安全离网运行 4h。

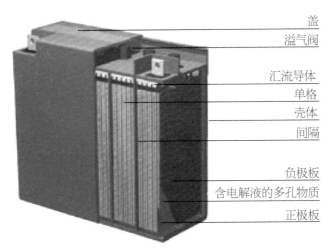

盖
溢气阀
汇流导体
单格
壳体
间隔
负极板
含电解液的多孔物质
正极板

图 6-4　储能用铅酸电池结构

通过建设"清洁能源—储能—直流照明"的楼宇级新型电力系统，实现建筑宜建表面积光伏建设率 100%，光伏本地消纳比例 100%，低压直流系统供电可靠率近 100%，直流用电系统电能损耗下降 7%。同时，运用储能装置抑制分布式能源间歇性、波动性，提升电网接纳新能源能力，实现削峰填谷和需求侧管理，降低用能成本。

（2）构建以神经元网络为核心的楼宇管理模式，打造数字化楼宇智慧运维管控平台

突破能源、感知、环境、资产等物理边界，形成楼宇神经元网络系统，实现多平台、多系统、多应用间信息交互，无障碍互动。以云平台和云计算为基础，形成云反射弧，实现运维快速反应和精准决策，打造楼宇大脑——"智慧运维管控平台"（见图 6-5）。

图 6-5　楼宇智慧运维管控平台总览图

在楼宇总览模块，通过可视化 BIM 模型与 IOT 数据结合，可实时掌握楼宇碳排、光伏发电、设备状态、故障报警等信息；绿色运行模块包含双碳管理、光储直柔、能耗管理三大功能，实现楼宇碳排的有迹可查、光储直微网系统安全运行，以及能耗的精细化管理。

态势感知模块包含安防态势、便捷通行、设备管理三大功能，实时掌握楼宇安防、人车通行情况，实现设备全生命周期管理。品质管控模块自动汇总统计各子系统的实时数据，并对数据进行深度挖掘，多维度分析各阶段、各区域的能耗情况，通过节能调优内嵌的碳排放最优、经济最优、综合最优等多种优化运行策略，实现光储微电网、空气源热泵、给排水、暖通、照明系统等协调运行。

为改变传统园区运维成本高、效率和质量低等问题，平台打破建筑中原有烟囱式管理模式，从楼宇设施设备的全生命周期角度为用户提供物业客户服务、设施设备运营维护管理、专业知识库管理的综合资产管理系统，实现楼宇人、事、物的可视、可管、可控，管理层实时掌握园区综合态势，让决策变得更简单（见图6-6）。

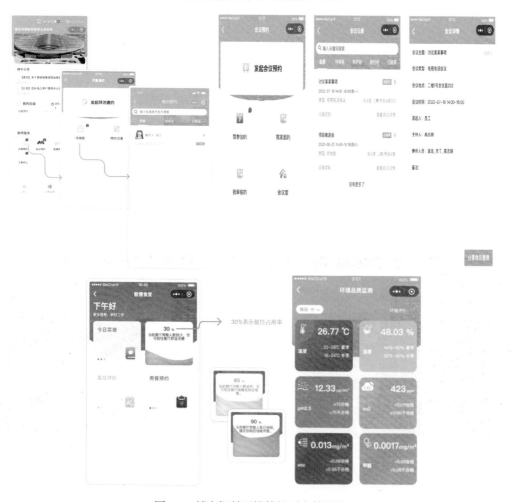

图 6-6　楼宇智慧运维管控平台管理端

（3）利用楼宇大脑——"智慧运维管控平台"实现楼宇内人、事、物友好互动，楼宇设备智慧化运行

为更好地满足企业与人对办公空间的多元化诉求，楼宇智慧运维平台以数字孪生技术

为基底，从更加人性化的角度满足办公需求，颠覆传统办公体验，提升员工幸福感。

智慧运维管控系统贯通楼宇各智能化子系统，建设智慧迎宾子模块，实现员工及访客一码全楼通行；建设智慧照明子模块，实现照明及空调的智能控制，有效提高照明系统能效；建设智慧会议子模块，实现会议室在线预约、情景控制，提高会议室使用效率；建设智慧用车子模块，实现公车预约、车位管理、车辆有序充电；建设智慧食堂子模块，实现后勤精准备餐、菜品评价以及员工错峰提醒。智慧运维管控系统通过对楼宇运行管控中涉及的子系统与硬件进行集成统筹管理，真正做到连接人—设备—空间，实现系统的互联互通、高效协同，打造一站式智慧办公新体验，构建有温度的办公空间。

3. 当前进展及未来规划

通过"三化"示范楼宇建设，在新区形成了一整套可复制、可推广的"3+6+3"近零碳楼宇全过程一站式解决方案。在规划阶段，我们通过碳模拟提供碳方案，在建设阶段我们建立全链条的碳监测，在运营阶段通过监测碳排数据，主动采用碳减排技术、辅助碳交易的方式实现园区的零碳目标。

目前，已与新区多个产业园区达成合作意向，未来将持续优化"3+6+3"理念，形成可复制、可推广的一站式解决方案，打造更多标杆示范工程，为新区实现"双碳"目标贡献更多力量。

4. 项目成效

运行成效方面，容东供电服务中心自 2022 年 3 月投运以来，已安全运行至今。根据运行指标分析，在清洁化方面，建筑宜建表面积光伏建设率 100%，光伏系统累计发电 5.4 万度，本地消纳比例 100%，绿电自给率 23.8%；在数字化方面，建成全覆盖、全感知数字孪生楼宇，贯彻"节约优先"的"双碳"原则，实现能源的协调最优运行、设备的全寿命周期管理，能耗及碳排降低约 17%；在电气化方面，建成新区全电气化楼宇示范，实现全楼 100% 电能替代，通过 AI 技术赋能建筑生命，满足员工智慧生产、智享生活需求，分布式储能放电量 3 000 余千瓦时，低压直流系统供电可靠率近 100%，直流用电系统电能损耗下降 7%。

科技成果方面，容东供电服务中心的"三化"楼宇建设是智慧运维管控平台在楼宇建筑方面的典型应用案例，其基础架构 CIEMS 已写入《城市物联网标准》《雄安新区能源互联网建设方案》等相关标准，取得了软件著作权，获得了行业创新大赛金奖，还获得了河北省政府新兴产业专项扶持资金。

6.1.2　小岗村美丽乡村综合智慧能源工程

小岗村美丽乡村综合智慧能源项目是国家电力投资集团有限公司（下称"国家电投"）

牵头的、将综合智慧能源与美丽乡村建设结合的典型示范。基于小岗村的资源禀赋和用能现状，以及对于美丽乡村建设的主要诉求，该项目建设内容主要包括生态能源、智慧设施、绿色产业等，实现了以绿色智慧能源扶持地方特色产业发展，巩固扶贫攻坚成果，破解产业振兴难题，推动"绿电 + 乡村振兴 + 生态"融合发展，建成生态小岗、智慧小岗、幸福小岗，最终实现"农业强、农村美、农民富、产业兴"的美丽乡村建设目标。

1. 主要技术成果

该项目以乡村振兴战略为契机，以农村能源供应为纽带，充分利用乡村现有资源（太阳能、地热、水源、秸秆等），基于"环保、低碳、节能、生态"规划理念，开展"能源 + 生态""能源 + 农业"等多种形式综合智慧能源项目开发，实现了能源、村务、产业、医疗、教育等一体化智能管理连接千家万户。通过清洁能源助力产业发展、绿色节能促进生态建设、智慧科技推广数字农村，最终将实现农业高质高效、乡村宜居宜业、农民富裕富足的新时代社会主义美丽乡村。

依据国家、安徽省关于美丽乡村建设的要求，科学使用并逐步减少木、草、秸秆、竹等传统燃料的直接使用，推广使用电能、太阳能、风能、沼气、天然气等清洁能源，实现使用清洁能源的农户数比例超过 70%。

严格贯彻国家乡村振兴战略，发挥国家电投清洁能源建设产业优势，解决美丽乡村建设中的痛点、难点，以小岗村美丽乡村综合智慧能源示范工程为支撑，推动与乡村产业发展、村民生活用能习惯紧密结合的高质量开发模式，实现综合智慧能源产业发展与美丽乡村建设共赢的局面。

（1）ToC 模式。项目部分清洁能源直接供给农户和村企，省去中间 ToB 环节，使农村直接源侧供应，享受经济实惠、绿色低碳的能源消费。

（2）以新能源带动乡村建设模式。建设一定规模的新能源基地，一方面提供清洁能源，一方面取得收益，部分收益用于乡村振兴的建设，达到企业和乡村双赢的平衡。

（3）化零为整。以县域、园区、乡村等为单位，打捆开发多个分散式风电、分布式光伏等中小型新能源项目，化零为整，发挥规模化与专业化、区域化优势，降低项目投资，提高收益。

（4）三网融合。以分布式、分散式新能源项目为基础，构建能源网并入千家万户。以村为单位，将政府网、能源网、社群网三网数据融合，将数据转换成经济活动和效益。

2. 技术应用

项目实施的核心资源主要是依托国家电投在国内新能源领域的领先地位，以及综合智慧能源产业的先发优势，通过项目资源的布局和方案的设计打动各级政府，锁定村集体项目、土地、用户资源。伴随国家电投在不同场景美丽乡村综合智慧能源示范项目的成功实施经验，进行典型方案分类比较，形成标准化、菜单式、定制化、可实施的方案，作为项目实施布局的核心竞争力。

结合小岗村实际情况，围绕综合智慧能源科技进行方案设计，融合多要素智慧应用场景、体现产业技术与集成优势，打造"绿色、智慧、低碳、节能、生态"美丽乡村综合智慧能源示范项目。

实施方案力求不改变村内现有建筑风格与布局。技术方案先进、超前，使村内人员、外来人员都能获得丰富的智慧体验，体现能源科技未来发展趋势，并兼顾投资收益。总体实施过程如下：

（1）光伏系统。在距离小岗村村委会 3.8km 的马家坝水库水体表面建设漂浮光伏系统（见图 6-7）；在创新大道与改革大道交叉口西侧一般农田布置农光互补发电系统，采用预应力管桩＋平单轴的支撑方式，实现上部光伏发电，下部农作物种植的互补模式，并可为村集体带来土地租金收益（见图 6-8）；在游客中心建设光伏车棚，采用钢结构车棚，以满足游客中心停车及电动车充电需求（见图 6-9）；在农户屋顶布置户用光伏，所发电量自发自用，余电上网。

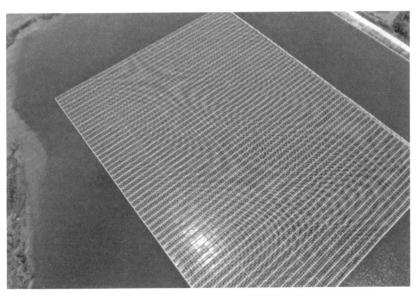

图 6-7　马家坝水库水面漂浮光伏系统

图 6-8　小岗村农光互补发电系统

图 6-9　小岗村游客中心的光伏车棚

项目共建设 11.25MWp 光伏发电系统，设计运行期为 25 年，年均发电量约 1 310.14 万 kW·h，而小岗村 2020 年年用电量约为 1 057 万 kW·h，真正实现了电能 100% 清洁能源替代，实现了零碳村庄。

项目平均每年可节约标准煤约 3 612.7t/y，减排 9 877.4t/yCO$_2$，环境效益十分显著。项目不仅是该地区能源供应的有效补充，而且作为绿色电能，有利于缓解该地区电力工业的环境保护压力，促进地区经济的持续发展，对于带动地方经济快速发展将起到积极的作用，项目社会效益显著。

（2）充电桩。在游客中心光伏车棚内建设 2 个 120kW 直流充电桩，每桩配置充电枪 2 个，并配备 100kW/200kW·h 的储能，可满足当地游客及旅游电动大巴等电动车充电需求，设计运行期为 10 年。充电桩具有人机交互功能（定量充电、定时充电、定额充电、自动充电灯）、查询功能（账户余额、充电时间等）、计量功能、刷卡付费功能、通信功能、安全防护功能等。

（3）智慧路灯及智慧座椅。在社区、干部学院、大包干、沈浩纪念馆、景点车站等处设置智慧路灯和智慧座椅系统，以达到加强村内管理、提升人员休息和节约能源的目的。智慧路灯系统集成 Wi-Fi 基站、摄像头、红外线传感器、电子显示屏、5G 基站等，成为能源站的一个信息载体和入口，具有环保监测、安防监控、区域噪声监测、应急报警等功能；太阳能智慧座椅是集休息、手机充电、Wi-Fi、灯光照明、信息发布、紧急呼叫等功能于一体的功能性座椅。智慧路灯和智慧座椅作为智慧城市和智慧能源的一个重要组成部分，可促进"智慧能源"和"智慧城市"在能源、照明和信息通信业务方面的落地。

（4）地源热泵。地源热泵属清洁可再生能源利用技术，是利用地球表面浅层地热资源作为冷热源进行能量转换的供暖空调系统。制冷季节可把室内的热量取出来，通过热泵机组和循环介质将其释放到地下土壤中，供室内制冷；供暖季节可通过地源介质把地下土壤中的热量"吸取"出来，通过热泵机组提高循环介质温度后，供室内供暖。地源热泵与电锅炉加热相比可节省 2/3 以上的电能，与燃料锅炉相比可节省约 1/2 的能量。由于地源热泵的热源温度全年较稳定，其制冷、制热系数可达 3.5～4.4，与传统空气源热泵相比，其运行费用为普通中央空调的 50%～60%。通常情况下，水源热泵消耗 1kW 的能量，用户可以得到 4kW 以上的热量或者冷量。

采用地源热泵方案对沈浩纪念馆、村委会、养老院进行供冷供热系统改造。设置一个地源热泵集中机房（见图 6-10），将其设置于沈浩同志先进事迹陈列馆附近。冷热源系统为 1 台磁悬浮地源热泵机组，夏季供冷、冬季供热。地源热泵系统实施后，沈浩纪念馆、村委会、养老院完全实现清洁能源供冷、供暖，进一步助力小岗村零碳乡村建设。

图 6-10　地源热泵集中机房

（5）智慧农业。设计光伏灭虫灯和光伏水培，将清洁能源（太阳能发电）和现代农业种植与养殖、高效设施农业相结合，太阳能光伏系统发电助力农业发展，同时实现能源的清洁化利用。

在农光互补农田建设 10 个太阳能灭虫灯（Solar Insecticidal Lamp）。太阳能灭虫灯根据昆虫具有趋光性特点，利用昆虫敏感的特定光谱范围设置诱虫光源，诱集昆虫并有效杀死昆虫，降低病虫指数，防治虫害和虫媒病害。

在农光互补区域建设光伏水培。采用光伏集装箱植物工厂方案，水培植物放置在集装箱内，旁边安装光伏为内部灯光系统、空调系统、水系统提供电源能力。封闭式环境智能控制可智能提供任何植物全生长周期所需的光、温、水、气、肥，且不受外界自然环境的影响。其具有可快速移动运输和安放、月均产 400kg 新鲜蔬菜、可种植 30 种以上蔬菜、全新控制系统和环控系统、高度节能节水、便于集中监控管理、数据自动储存及备份管理、分级密码权限设定、短信警告等功能特点。

（6）智慧政务智慧社群。设计 PC 端 /App 端软件，实现村委会现代化、智慧化办公。

（7）综合智慧能源管控与服务平台。设置一套"天枢一号"综合智慧能源管控与服务平台系统，实现分布于不同位置的光伏、储能、充电桩、冷热负荷以及村内配电系统集中监控管理，并通过综合智慧能源项目内数据的共享和分析，使综合能源的管理智能化、集成化、远程化、图形化；通过区域级性能计算及分析，实现对村内能源的总体集成和动态管理，提升项目能源综合利用率，降低碳排放。

云平台基于大数据分析和供需能力预测，可实现能耗实时分析、能源侧出力预测、需求侧用能预测、供能和用能保障、智能分析决策、用户端服务反馈、供用能互动管理等。

6.1.3　德国欧瑞府（EUREF）零碳园区示范工程

1. 项目背景

柏林的欧瑞府能源科技园是能源转型领域的创新型榜样，核心策略是实现环境保护、可持续发展和资源节约型产业发展（图 6-11）。在这个科技园里，已经提前实现了德国联邦政府制定的 2050 年气候保护目标：二氧化碳减排 80%。这一目标是通过以下 3 个方面实现的：

◎ 楼宇和设备技术的建设以最高能效为首要目标，并通过智能化的能源管理系统集中控制（智能建筑）。

◎ 使用可再生能源，如光伏、风能、沼气等，通过热电联供站等设备来实现供暖、制冷和供电。

◎ 建设和运营智慧园区项目，通过接入 1.8MW·h 的电池储能系统，建成大约能满足100 辆电动汽车和公交车充电的智能充电站，以及运行电转热和电转冷设备，共同组成智能电网，达到 100% 使用可再生能源供电的目标。

图 6-11　欧瑞府零碳园区示意图

2. 项目内容

园区内通过与零碳能源技术有机融合，实现了园区 **80%~95%** 的能源从可再生能源中获得，主要零碳能源技术包括：

◎ 光伏风电地热等可再生能源

◎ 通过交易方式买到风电光伏

◎ 通过交易方式买到沼气（卖方是几十公里以外的农庄沼气并入管网，把沼气票卖给园区）

◎ 园区有沼气的热电联产

◎ 电动汽车智能充电（充电桩的功能都集成在那个插线板大小的盒子里，看到的桩只是个插座）

◎ 储能电站

◎ 园区储热、储冷以及热泵

◎ 无人驾驶汽车

◎ 低能耗建筑

◎ 智能微电网

3. 项目启示

欧瑞府能源科技园展示了如何在经济性良好的前提下，通过智能和创新的系统升级，实现减排目标。重点在于构建不同要素之间（比如楼宇、交通和能源供应之间）的联系，力求在使用高比例可再生能源的前提下，尽可能降低系统成本，保障能源供给安全，实现系统总体的最佳运营。

6.1.4 英国奥克尼智慧综合能源系统示范项目

1. 项目背景

英国智慧能源产业发展水平处于全球领先地位，2019 年 8 月，英国智慧能源系统试点正式启动，在苏格兰奥克尼群岛运行，将当地可再生能源发出的电力网络、燃气网络、热网等连接到一个总系统中，创建出一个"智慧能源岛"。该项目由欧洲海洋能源中心（EMEC）主导，参与者包括苏格兰社区能源（Community Energy Scotland）、赫瑞瓦特大学、奥克尼群岛理事会、斗山巴布科克能源集团（Doosan Babcock）以及一众可再生能源初创公司，旨在平衡可再生能源的波动性，满足人们对于减少并最终消除化石燃料的这一需求。

2. 项目内容

这一智慧综合能源是由当地可再生能源发出的电力，燃气网络、热网与灵活的负荷相结合，从而平衡可再生能源的波动性。该项目的核心是灵活的能量平衡技术，其包含了：

◎ 500 组民用电池
◎ 100 组商用和大规模电池组
◎ 200 个双向电动汽车充电桩（V2G）
◎ 600 辆新的电动汽车
◎ 电动公交车和电动自行车综合交通系统
◎ 100 个灵活的加热系统
◎ Doosan 集团的工业规模氢燃料电池

3. 项目特征

该项目包括混合动力氢/电动汽车补能站和虚拟电厂，将电力、运输和热能相结合，实时响应当地能源需求，并通过智能控制平台智能地控制充电和存储行为，灵活调节能源需求，以便在非高峰时段或有剩余风力发电时用 900kW 社区涡轮机进行可再生能源发电并存储，使居民能够在需要时消耗能源并防止浪费。

6.1.5 中国国家电投总部大楼智慧楼宇项目 [①]

1. 项目背景

中国国家电投（下称"国家电投"）总部大楼智慧楼宇项目以国家电投自有管控平台"天枢一号"为基础构建楼宇"智慧大脑"，以国家电投"统一综合管理平台"为入口，运用模块化理念，围绕能源网、管理网、服务网 3 个方面开展建设，将数据进行统一分类和分析，实现三网融合。

---

① 中国国家电投总部大楼智慧楼宇项目的详细介绍见《清洁能源与智慧能源导论》。

2. 项目内容

1）能源网

本项目对既有能源系统进行升级改造，充分利用可再生能源发电，改善电源结构，对热、电、冷等能源生产进行耦合集成和互补利用，实现终端一体化集成供能，并通过能源监测、能量计量、自动控制等手段，提高园区能源系统运行及管理水平，充分落实和运用国家能源产业政策，执行并满足相关要求。

2）管理网

总部大楼通过建设管理网，有效改善现状，使大楼更安全、更舒适、更高效、运营成本更低。在新基建底座基础上，拓展了如智慧消防及应急联动、智慧通行、智慧安保、智慧运维等应用场景。

3）服务网

服务网汇聚多源数据，勾勒细分群体的特征爱好，构建完善的用户标签体系，精准定位用户的核心需求，精准洞察消费偏好等显著特征，完成用户的统一识别，帮助用户构建标签及画像体系，实现定制化服务，从而提升用户满意度。

3. 项目成效

本项目以"天枢一号"为基础构建楼宇"智慧大脑"，以国家电投总部"统一综合管理平台"为入口，运用模块化理念，围绕智慧能源和智慧楼宇 2 个方面、5 个模块、17 个应用场景，解决了"一个不匹配、三个需求迫切"的问题项目，具有系统性、全面性和高价值，打造了北京地区绿色智慧建筑新标杆，塑造了国家电投对外展示的新形象。

6.2　智能基础设施型能源互联网示范工程

6.2.1　苏州工业园区智慧能源示范工程

1. 项目背景

随着中国能源结构转型的不断深化，大量的清洁能源即将替代传统化石能源，分布式清洁能源的接入，给传统的配电网带来短路电流增大、能效水平降低、潮流控制和电能质量控制难度增加等诸多挑战。

近年来，国网苏州供电公司不断加大配电网标准化建设，取得了一定的成效。但随着大规模分布式电源的接入及电动汽车充电站／桩等多样性负荷的接入，引发了"消纳能力有限""控制缺失""综合能源利用效率不高""电压瞬降难以解决""供电可靠难以提升"等问题，导致配电网谐波、电压波动、短路电流增大、运行调度难度增加，配电网可靠性和安全性面临诸多挑战，传统配电网难以满足低碳背景下高渗透率可再生能源发电接入与高效利用的要求。同时，随着社会经济的持续繁荣、人民群众生活品质的不断提升，以及对电力依存度的不断提高，用电客户对电力供应及电力服务的安全性、可靠性、优质性、经济性、环保性提出了更高的要求。因此，亟须建设更加智能、更加主动的配电网，打造"安全、可靠、绿色、高效、经济、优质"的城市配电网，解决配电网发展目前面临的问题，同时，满足人们日益增长的供电服务需求。

2016 年 12 月，国网江苏电力与苏州市政府签署战略合作协议，共同建设国际能源变革发展典范城市。根据协议，在苏州率先建设主动配电网综合示范区，逐步打造数字化、网络化、智能化城市配电网样板。苏州工业园区主动配电网综合示范工程是国家电网公司第一批主动配电网示范项目，是目前中国建设规模最大的主动配电网示范项目，属于智能配电网建设行动的重点项目，将实现高比例分布式能源灵活消纳、高品质电能智能配置、网 - 源 - 荷 - 储协调控制，并探索配电网直流供电新模式，有力支撑苏州国际能源变革发展典范城市建设。

2017 年 12 月，国网苏州供电公司开展主动配电网综合示范工程建设，在环金鸡湖区域、2.5 产业园以及苏虹路工业区，按照"主动规划、主动感知、主动控制、主动响应、主动参与、主动服务"的建设思路，开展高可靠性配电网应用示范工程、基于"即插即用"技术的主动配电网规划应用示范工程、基于柔性直流互联的交直流混合主动配电网技术应用示范工程、适应主动配电网的源—网—荷—储协调控制技术应用示范工程、高电能质量配电网应用示范工程共 5 个子项目的示范建设。2018 年 10 月 10 日，苏州主动配电网综合示范工程顺利投运。

2. 技术应用情况

"主动配电网"是指可以综合控制分布式能源的配电网，通过对能量的优化配置，可以减少电能损耗，进一步提升清洁能源的接入能力。苏州主动配电网综合示范工程一共包括 5 个建设内容。

1）基于柔性直流互联的交直流混合主动配电网技术应用示范工程

完成单端容量 16MVA 的 ±20kV 两端口柔性直流互联系统（2 座两端口换流站）、20kW 分布式风电系统、400kW 的微燃机、1.5MW×2h 的电池储能系统、400kW 预制舱式直流微电网系统，接入 2.6MW 分布式光伏，通过系统保护测控系统、区域协调控制系统、微电网能量管理系统等，实现多个交直流微电网群的互联互通，提供功率调节、供蓄电以及事故应急能力，提高供电可靠性，促进新能源消纳，提高能源综合利用率，形成一个信息和能量高度开发共享、自由交换的柔性直流配电系统与交直流微电网互联的交直流混合主动配电网。

2）基于"即插即用"技术的主动配电网规划应用示范工程

完成 4 套 20kW 分布式光伏、2 套 20kW 分布式风力发电、8 套多样化负荷、4 套储能等"即插即用"接口设备，在交流或者直流低压侧柔性并网，在国内首次实现能量流和信息流融合的即插即用技术具备模块化、标准化等特点，可实现分布式电源信息与能量交互，形成一系列技术规范与行业标准。

3）适应主动配电网的源—网—荷—储协调控制技术应用示范工程

在调度端建设一套主动配电网的源—网—荷—储协调控制系统，采用分层分级的控制模式，主动配电网源—网—荷—储协调控制系统为集中决策系统，接入配电自动化、调度自动化、交直流混合配电网监控、四端柔直监控、电能质量监控等系统各类资源的状态数据和运行数据，通过建立主动配电网网—源—荷—储协调调度模型，适应不同的配电网优化目标，完成分布式电源功率预测、柔性负荷预测、可调度容量分析、协调控制策略优化等功能，有效提高配电网对可再生能源的消纳能力，降低电网峰谷差，提高设备利用率，降低配电网损等，提升电网的安全可靠运行水平和经济性。

4）苏州工业园区高电能质量配电网应用示范工程

建设 2 套 10Mvar 的 SVG 设备、4 套 200kVA 的 DVR 设备、4 套 100kVA 的 DVR 设备等多种配电网交流柔性元素，通过电能质量多的 DFACTS 协调控制系统，快速补偿无功提供负荷侧暂态电压支撑，改善电能质量，满足用户的定制电力需求，构建高电能质量配电网示范区。

5）苏州工业园区高可靠性配电网应用示范工程

建设单端容量 8MW 的四端口柔直系统（1 座四端口换流站）以及区域保护测控与协调控制系统，接入附近两个 110kV 变电站的不同母线的四回 20kV 出线，构成电缆双环网并合环运行，具有灵活的拓扑结构，可以有效调节各个母线之间的潮流分配，实现潮流优化。此外，还可以有效隔离各端接入系统之间的故障，防止故障扩大化，使系统具有故障后的快速恢复能力，提升供电可靠性。

国网苏州供电公司围绕主动配电网的六大特征（主动规划、主动感知、主动控制、主动响应、主动参与及主动服务），选取苏州工业园区环金鸡湖区域（安全可靠供电示范区）、2.5 产业园（绿色高效供电示范区）、苏虹路工业区（优质经济供电示范区）3 个区域开展主动配电网示范建设。

1）安全可靠供电示范区

环金鸡湖核心区拥有众多的政府机关、金融机构、国外高科技企业、超高层建筑等重要客户，金融、总部经济、商贸、专业服务四大产业呈现出快速发展势头，对于供电可靠性的要求极高。

开展苏州工业园区高可靠性配电网应用示范工程建设工作，建设单端容量 8MW 的四端口柔性直流系统 1 套。该系统实现了分段母线合环运行、潮流灵活控制以及负载有序协调，解决了传统配电网重载轻载风险大，供电快速恢复困难的问题，有效提高了供电可靠性。系统首次采用孤岛自治恢复策略，解决了四端柔直与交流电网故障自愈难以融合的问题。

通过本项目建设，区域潮流可控率提升 50%，供电可靠性由 99.999% 提升到 99.9997%，用户年平均停电时间缩短至 1.6min，故障恢复时间由原来的分钟级降低到毫秒级，达到世界领先水平。

2）绿色高效供电示范区

苏州 2.5 产业园是发展生产性服务业与知识流程外包产业的重点区域，负荷快速增长。同时，在国家能源政策的支持下，园区的风力发电、屋顶光伏发电等分布式新能源建设正在快速发展。

（1）开展基于"即插即用"技术的主动配电网规划应用示范工程建设

开展分布式电源 / 储能 / 多样性负荷等"即插即用"接口技术研究及应用示范，建设 2 座 40kW 车棚光伏、500kW 屋顶光伏、2 套分布式风电、2 套分布式储能系统、1 套 400kW 内燃机、4 台直流充电桩、400V 预制舱式直流微电网系统、光伏即插即用接口、储能即插即用接口。

（2）开展基于柔性直流互联的交直流混合主动配电网技术应用示范工程建设

建设 16MW 两端口柔性直流配电单元、3MW 时储能系统，实现多个交直流微电网群的互联互通，形成基于柔性直流互联的交直流混合主动配电网，提供功率调节、供蓄电以及事故应急能力，提高供电可靠性，促进新能源消纳，提高能源综合利用率。

应用两端口柔性直流系统，实现对交直流线路的潮流控制和负荷调节，突破传统配电网潮流自然平衡的运行模式，有利于新能源的就地消纳；应用柔性直流的电压控制技术和功率控制技术，为配电网提供无功支持，保障配电网稳定运行；通过柔性直流互联线路可以实现配电网各类异常运行工况下的故障自动隔离，提高配电网供电可靠性。

（3）开展适应主动配电网的源—网—荷—储协调控制技术应用示范工程建设

在调度端建设 1 套源—网—荷—储协调控制系统，通过全局智能优化算法得出功率全局优化控制策略，提高电网对分布式电源的消纳能力；通过提高谷时用电，降低峰时用电，降低峰谷差；首次实现交直流混合配电网的无功协调优化控制，提高无功电压水平，降低配电网网损，提高配电网运行经济性（见图 6-12）。

图 6-12　绿色高效供电示范区三维场景展示图

通过本项目建设，配电网外部输入潮流控制比例达到 50%；清洁能源渗透率可达到 50%，配电网网损降低 3%，多能互补系统能源综合使用率提升 10% 以上。

3）优质经济供电示范区

苏虹路工业园区供电范围内负荷类型多样，且包含三星电子、三星压缩机、三星液晶、光大、光电、和舰科技等众多对电能质量需求高的企业。电压波动、暂降等问题会影响企业设备的运行，严重的会造成产品报废、设备损毁等生产事故。

开展苏州工业园区高电能质量配电网应用示范工程。针对园区各点电能质量治理的需求，配置多 DFACTS 设备，在 110kV 星华变 20kV 侧安装 2 套 20kV/10MVar SVG 设备，用于快速补偿无功，抑制电压波动及闪变，提高电能质量和系统稳定性；在 20kV 下敏感负荷低压侧的敏感设备端配置 8 套 DVR 补偿装置，抑制母线出现的电压暂降，保证敏感负荷安全可靠的运行；在 110kV 星华变建设 1 套多 DFACTS 设备协调控制系统，接收源—网—荷—储协调控制系统下发的控制命令，同时根据母线电压、馈线负荷状况对各 DFACTS 设备及电容器组进行高效稳定的协调控制。

通过本示范工程的建设，完成了对示范区高效稳定的无功电压控制，实现了区域内电能质量整体解决，20kV 侧母线功率因数从之前的 0.95 提升至 0.99；母线电压合格率从 96.8% 提高到 100%；关键用户电压暂降次数降低 95%，保证了对敏感负荷的可靠供电；星华变站内固定电容器的投切次数、主变档位调节次数减少 90%；降低了区域内线路损耗，及损耗引起的经济损失；保障了负荷电力供应，减少了由于电能质量问题带来的设备停运以及故障引起的经济损失。

3. 项目成效

苏州主动配电网示范工程符合能源互联网在配电网侧的建设要求，是能源互联网在配电网的一个典型应用。经中国电机工程学会以管晓宏院士为主任的鉴定委员会鉴定，项目整体达到国际领先水平。项目获得中国国家电网公司 2020 年"科技进步二等奖"。

同时，项目研发了四端口柔直系统、交 / 直流即插即用装置、两端口柔性直流配电单元、源—网—荷—储协调控制系统、多 DFACTS 设备协调控制系统等一系列主动配电网关键装备及系统，取得 8 个首台、首套、首创。

（1）首次基于四端口柔直实现配电网花瓣式接线的瓣间合环运行，解决了传统花瓣式接线电源相角差大无法合环问题。

（2）首次基于孤岛自治恢复策略实现配电网故障自愈与四端口柔直控制的无缝融合，解决了环内故障负荷掉电问题。

（3）首次完成交直流即插即用接口装置研制，解决了以往分布式电源建设成本高、并网设备繁杂且不规范的问题。

（4）首次建立能量流和信息流融合的分布式电源即插即用机制，解决了由于分布式电源缺乏主动交互信息能力导致的并网调试效率低的顽疾。

（5）首次采用了紧凑化塔式 MMC 直流换流阀的结构设计，解决了柔性直流换流阀占地和空间较大的问题，更加方便检修和维护。

（6）首次实现交直流混合配电网的无功协调优化控制，提升了无功电压水平，降低了配电网网损，提高了配电网运行经济性。

（7）首次提出基于分区控制域自适应的多 DFACTS 设备协调控制策略，解决了多 DFACTS 设备间的相互影响问题。

（8）创新提出了基于分层分级式 SVG 功率组件综合电流保护方法，实现了 SVG 功率组件的全范围电流保护。

综上所述，一是有效提升了资源利用效率。针对 2.5 产业园区域负荷增长快速、新能源发展快速的实际情况，国网苏州供电公司建设"即插即用"接口工程、柔性直流互联工程、网—源—荷—储协调控制系统工程，充分发挥了分布式电源、多样性负荷、储能在配电网中的积极作用，促进各种资源利用更绿色、更高效。目前，2.5 产业园内配电网外部输入潮流控制比例达到 50%，清洁能源渗透率达到 50%；配电网网损降低 3%，多能互补系统能源综合使用效率提升 10% 以上。

二是极大提高了供电可靠性。国网苏州供电公司建成了全国首个 20kV 配电网的四端口柔性直流换流系统。该系统好比一台"能源路由器"，可以实现各端口间能量和信息的互联互通，有序协调分布式能源与负荷，电能使用效率和供电可靠性得到大幅提升。目前，环金鸡湖区域潮流可控率提升了 50%，供电可靠性由 99.999% 提升到了 99.9999%。

三是有力保障了电能质量。国网苏州供电公司在苏州 110kV 星华变 20kV 侧安装 SVG 设备和相关设备，完成了对示范区高效稳定的无功电压控制，实现了区域内电能质量的整体解决。通过以上技术，该区域关键用户电压暂降次数降低 95%，有效保证了对敏感负荷的可靠供电。

6.2.2　美国未来可再生电能传输与管理系统项目（FREEDM）

1. 项目背景

2008 年，美国国家科学基金项目（NSF）在北卡罗来纳州立大学启动"未来可再生电能传输与管理系统"（FREEDM）（见图 6-13），并建立 FREEDM 研究院，由 17 个科研院所和 30 余个工业伙伴共同参与。2018 年 NCF 结束其对 FREEDM 的 10 年拨款后，FREEDM 的研发资金来源于行业协会和企业捐赠（包括杜克能源、ABB 等），每年投入 1 200 万美元左右，目前项目仍处于研究阶段。

2. 项目理念

借鉴互联网开放对等的理念，以"能源路由器"（Energy Router）的研发为切入点，围绕电力电子设备、运行控制系统、配电网智能管理系统等开展相关基础研究，构建固态变压器、分布式可再生能源、分布式储能装置、负荷、智能能量管理等模块，以及分布式能源即插即用、用户电网双向互动的智能配电系统。

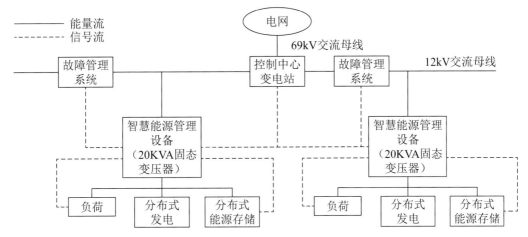

图 6-13　美国未来可再生电能传输与管理系统项目整体架构图

3. 项目特征

FREEDM 是一个绿色能源网基础设施，综合运用先进的电力电子技术、信息技术和能源管理技术，将分布式可再生能源发电和分布式储能连接到电网中，实现能量双向流动的对等交换和共享网络。其具有以下特征：

◎ 允许随时随地即插即用任何能源或存储设备
◎ 管理分布式能源资源和存储设备
◎ 开创可扩展且安全的通信主干网
◎ 如有必要，与中央电网隔离工作，继续基于 100% 可再生能源运行
◎ 提供完美的电能质量和更高的系统稳定性
◎ 隔离故障和中断，防止它们导致整个系统瘫痪
◎ 通过将发电定位在更靠近负载的位置，减少转换损失，提高效率

6.3　多能互补型能源互联网示范工程

6.3.1　苏州同里区域能源互联网示范区 [①]

1. 项目背景

苏州同里区域能源互联网示范区是江苏省电力公司与苏州市人民政府携手共同建设的

① 本节关于苏州同里区域能源互联网示范区的介绍源自《清洁能源与智慧能源导论》。

苏州国际能源变革发展典范工程。该工程按照"能源供应清洁化、能源消费电气化、能源利用高效化、能源配置智慧化、能源服务多元化"的建设思路，集聚能源领域先进的技术和理念，建成了 15 项世界独特的能源创新示范项目，整体打造成一个多能互补、智慧配置的能源微网，是一个独具江南水乡特色的绿色低碳园区。其探索构建交直流混联能源网络新形态、多能互补能源运行新方式及综合化能源服务新模式，并系统性展示能源变革成果。

2. 项目内容

1）构建多能互济互补和综合利用，实现能源清洁供应和就地消纳

同里区域能源互联网示范区位于同里古镇北侧约 800m，占地 53 亩，建设了光伏发电、斯特林光热发电、风力发电、地源热泵冰蓄冷以及混合式储能系统，实现风、光、储、地热等多种能源互济互补和综合利用。

2）构建以双微网路由器为核心的交直流混合能源网络，打造高效的能源配置平台

示范区通过两台微网路由器互为备用，以及 4 个电压等级的交直流网架，共建有 10kV交流线路 3 回、380V 交流线路 30 回、±375V 线路 4 回、±750V 线路 27 回，实现交直流网架的互联互通，保证分布式电源和负荷的即插即用，区域内供电可靠性达 99.9999%，综合能效提升 6%，打造智能高效、安全灵活、绿色低碳的能源配置平台。

3）构建冷—热—电、"源"—"网"—"荷"—"储"协调控制模式，实现区域能量元素友好互动

建设了"源"—"网"—"荷"—"储"协调控制系统，唤醒区域内储能、充电桩等各类可调节的资源，连接和控制能源各个元素，实现了"源"—"网"—"荷"—"储"多环节和冷—热—电多能流的协调互补与控制。同时，以"区域协同互补、微网分布自律、终端双向互动"为建设思路，实现区域内冷—热—电多能流互补运行与控制以及"源"—"网"—"荷"—"储"多环节协调运行与控制，保证了区域电网"安全、可靠、经济、高效、绿色"自治运行，进而打造出"源端低碳、网端优化、荷端节能、储端互动"的运行新格局。

4）探索能源消费领域与新能源技术相融合，推动交通和建筑绿色低碳用能

交通和建筑是能源消费的重要领域。园区建设了多功能绿色充换电站、"三合一"电子公路以及负荷侧虚拟同步机等项目，应用新能源技术以及新型智能终端将汽车、公路、路灯、充电桩等交通领域各类元素与新能源技术融合和创新，构建了智慧绿色交通服务模式。同时，在示范区北侧的同里湖嘉苑小区，开展了被动式建筑节能改造，大幅降低建筑能耗水平，为被动式建筑推广应用作先行先试。

5）提供共享化、多元化能源服务，构建共赢共享的能源互联网生态圈

打造了能源互联网开放共享服务平台，提供平台化、共享化的综合能源服务。平台全面集成水、电、气、热、冷等多种能源数据，初步构建城市级能源大数据中心雏形，政府可以全面实时掌握区域能源系统运行情况，助力实施"双控"指标优化。构建区域能流图，

掌握能源输入、转换、分配输出和终端消费全过程，助力城市能源智慧管理。

3. 项目成效

同里示范区自 2018 年 10 月投运以来，至今安全运行。根据运行指标分析，区域清洁能源消纳率达到 100%，清洁能源日均发电量 4 600kW·h（含区外引入），区域直流负荷占比过半，储能年累计参与协调控制 480 余次、年累计平均放电量 760 万 kW·h，充电桩年累计充电次数 1 980 余次，年累计充电量 7.72 万 kW·h。近年来，同里区域能源互联网工程紧紧围绕双碳目标，建设范围从 53 亩地扩展至同里全境 176km²。区域能源互联网形态更加多样化，包括智能型主网、网格型配网、多能互补型能源微网、智能开放型能源服务，已成为同里新能源小镇的能源互联网展示中心、区域能源控制中心和能源综合服务中心，也是我国绿色低碳的智慧能源模范工程。

6.3.2 珠海"互联网+"智慧能源示范工程 ①

1. 项目背景

珠海"互联网+"智慧能源示范工程是依托珠海经济特区及所辖自贸区和科技园区，建设支撑消费侧革命、纵跨城市—园区两级的"互联网+"智慧能源示范区。项目旨在解决以珠海为代表的、以高新产业为主体的城市或园区用能需求，建成可在高质、清洁、高可靠性综合用能场合推广的城市—园区综合能源互联网。

2. 项目内容

项目建设分三层展开：物理层，建设基础设施智能化的多能综合能源网；信息层，建设信息流动充分化的信息集成及数据网；应用层，建设生产消费互动化的运营管理业务网。由信息层和应用层配合骨干网架实现园区级能源局域网互联，进而形成城市级能源广域网，实现能源和数据深度融合，为用户提供优质高效的综合功能和定制化能源服务。

3. 项目技术成果

（1）突破柔性直流配电网成套设计技术。由直流研究中心参与设计的世界上配送容量最大、电压等级最多、技术最复杂的柔性直流配电网工程——珠海唐家湾三端柔性直流配电网工程——的成功投运和多项首创技术的应用，标志着中国在柔性直流配电领域实现了国际引领。

（2）世界首套 ±10kV 三端口直流断路器。唐家湾三端柔性直流配电网工程首次开发并

---

① 珠海"互联网+"智慧能源示范工程的详细介绍见《清洁能源与智慧能源导论》。

应用了国际领先水平的 ±10kV 三端口直流断路器。该三端口直流断路器可满足工程对断路器提出的所有要求，具有开断迅速、可靠性高、可控性强、支持快速重合闸、运行维护方便等优点，可实现多端换流站的联络及一端或两端故障快速隔离，从而保障系统安全可靠运行。

（3）世界首套 IGCT 交叉箝位型换流阀。唐家湾三端柔性直流配电网工程首次采用了直流研究中心提出、北京四方继保自动化股份有限公司开发制造的 IGCT 交叉箝位型换流阀。该换流阀基于常规半桥电路拓扑，在两个相邻的 IGBT 子模块之间串联接入一个 IGCT 交叉箝位电路，可实现微秒级故障电流开断，且可快速恢复运行，大大缩短了系统重新投运时间。

（4）综合能源网络的多能协同。能源战略与运筹研究中心集合清华综合能源领域的优势科研力量和技术开发力量，开展了多能源系统元件级建模和基于能量枢纽的多能源系统规范化分析方法研究，以多能系统运行模型和最小化成本为基础，设计实现了多能协同优化调度的模式、原理及机制，有力促进了各种能源的互相补充利用和综合梯级利用，整体示范效果达到国际先进水平。

（5）分布式资源运营。针对分布式新能源、储能等发展面临的困难，能源战略与运筹研究中心设计了分布式资源接入、运营、消纳、交易等一揽子解决方案，研究了虚拟电厂调度策略、分布式能量交易机制和绿色证书流通机制等关键问题。

（6）主动需求响应。能源战略与运筹研究中心设计了利用市场化价格信号以及激励手段引导用户参与响应的方案，实现了电网和用户双向互动的需求响应模式，打破了传统僵化的有序用电管理方式，提高了用户的用能管理水平。

（7）智慧用能服务。综合能源运营服务平台提供了互联网化的能源营销服务体系，提高了各类市场主体的卷入度与黏性。针对不同市场主体对能源服务的差异化需求，设计了多样化、定制化的增值服务。

4. 项目成效

物理层，解决了能源互联互通、配电网智能高效的问题；信息层，解决了各类资源信息互联及海量数据融合的问题，同时，为各类市场主体提供了共享互动平台；应用层，通过运行机制创新，解决了各类能源资源协同互动问题，开展互联网化商业模式创新应用，通过市场化手段协调综合能源供需平衡问题。

项目的建成与深化应用，持续推进了配电网智能化，提升了能源信息化水平，促进了能源互联网生态的形成和发展，进而推动分布式资源的建设与能量消纳，提升社会总体用能效率，提高综合能源高质量发展。具体包括构建了柔直配电网技术体系、节约土地资源和能源投入、提升综合能源数据服务能力以及构建综合能源服务创新体系等方面的社会效益。

6.3.3 美国加州大学圣地亚哥分校微电网工程

1. 项目背景

自 2008 年以来，加州大学圣地亚哥分校已投资超过 1 亿美元用于改造校园现有建筑，以提高能源效率。直到今天，这项工程已取得瞩目的成就，但仍在不断升级。美国国家科学基金会已向加州大学圣地亚哥分校捐赠了 3 900 万美元，用以建立一个史无前例的测试平台——燃料电池系统（见图 6-14），以更好地了解如何将太阳能电池板、风力涡轮机、智能建筑和电动汽车电池等分布式能源集成到电网中。

图 6-14 加州大学圣地亚哥分校投运的燃料电池系统

2. 项目理念

为更好地了解如何将太阳能电池板、风力涡轮机、智能建筑和电动汽车电池等分布式能源集成到电网中，学校建立了一个史无前例的电网测试平台，可为学校提供一个灵活、有弹性、可靠、安全的配电系统，为学校提供零排放电能。

3. 项目构成

微电网加州大学圣地亚哥分校的能源创新园容纳了几个创新的能源系统，包括：

◎ 2.4MW 的太阳能网络
◎ 2.8MW 的燃料电池
◎ 2.5MW/5MW 时的先进储能系统
◎ 压缩天然气加气站，为校园车队和公共车辆提供可再生压缩天然气
◎ 为附近 220 万 GL 热能储存系统提供冷水的冷水机厂
◎ 清洁能源生产
◎ 热电联产

4. 项目特征

每年产生超过 85% 的校园用电量。电力来自校园 30MW 热电联产厂、2.8MW 可再生能源燃料电池和 2.4MW 太阳能电池阵列的多个来源。热点联产系统可帮助校园每年节省 800 万美元的能源成本，并减少 75% 的排放量。

6.4　灵活交易型能源互联网示范工程

6.4.1　欧洲 Next Kraftwerke 虚拟电厂项目

1. 项目背景

Next Kraftwerke 公司是德国最大的虚拟电厂运营商，同时也是欧洲电力现货市场（EPEX）认证的能源交易商，通过需求响应、提供电网辅助服务，参与能源的现货市场交易。该公司开发的 NEMOCS 控制系统涵盖了虚拟电厂相关的一系列技术，如数据采集、电力交易、电力销售到用户结算等。同时，也可为其他能源运营商提供虚拟电厂的运营服务和解决方案。

2. 项目内容

Next Kraftwerke 管理着超过 4 200 个分布式发电设备和储能设备，包括生物质发电、热电联产、水电站、灵活可控负荷、风能和太阳能光伏电站等，总规模达 2 800MW，相当于两个大型的燃煤发电厂。

该公司一方面在风电和光伏发电等可控性较差的电源上安装远程控制装置 Next Box，通过虚拟电厂平台对聚合的各个电源进行控制，从而参与电力市场交易而获利；另一方面，还推出了标准化的储能解决方案。该储能系统包括一个 2MW 的电池集装箱，并通过"Next Box"连接到电网，这使得 Next Kraftwerke 可以远程控制参与现货市场交易，通过智能算法为实现资产协同管理提供辅助服务（见图 6-15）。

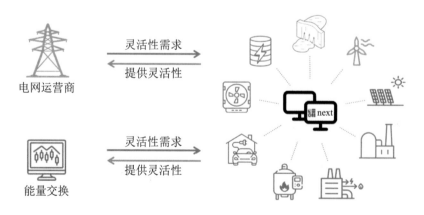

图 6-15　Next Kraftwerke 运营服务与解决方案示意图

3. 项目特征

虚拟电厂可以在机组意外停运或用电高峰时段释放电能，抑制电价的升高，缓和类似情景对电价的影响；虚拟电厂还可以在负电价时段吸收电能，抑制电价的跌落，缩短负电价持续时间，有利于减少弃风弃光，降低爬坡需求。

4. 项目启示

虚拟电厂在提供频率控制服务和响应能源市场价格信号等方面表现良好的用户是虚拟电厂项目的核心。虚拟电厂的发展难点在于如何与用户沟通，以及如何提高用户对虚拟电厂运营商的接受度。

6.4.2　英国 Local Energy Oxfordshire 示范项目

1. 项目背景

Local Energy Oxfordshire (LEO) 项目作为英国本地能源系统的示范项目，重点关注配电网尺度灵活性，通过集成虚拟电厂、分布式电源、用户侧需求响应等实现需求侧综合管理。为本地综合能源系统规划管理提供基于优化模型的决策工具，同时，该项目开发致力于挖掘本地能源项目开发的共同经验，提升不同能源部门之间的协作能力，旨在全英国推广。

2. 项目内容

项目耦合了本地光伏、区域热网、微电网、电动汽车、智能家居、储能等元素。在当地公交车站屋顶安装 175 块光伏板，配合 90kW·h 电池储能可满足当地 30% 的电需求，打造低碳交通枢纽示范。开发 Minimum Viable System (MVS) 灵活性资源整合平台，开发测试参与本地灵活性市场交易的商业模式。

3. 项目启示

LEO 项目展示如何将最新的能源创新整合在一起，为用户提供更便宜、更清洁的能源。LEO 将采用配电系统运营商（DSO）的方法在牛津郡实施新能源项目，以促进未来的预测和规划。该方法是创建一个本地能源市场，该市场将实现电力负载的虚拟聚合，以及灵活的调度和本地点对点交易。与 DSO 的数据接口将实现更好的主动网络管理和本地约束的可见性/预测。总体而言，该项目采用了以社区为中心的方法，拥有庞大的低碳能源项目组合（约 90 个），优先项目将包括社区水电项目、电动汽车交通枢纽和热网提案。

6.5 能源大数据型能源互联网示范工程

6.5.1 广州大型城市能源互联网示范工程 [1]

1. 项目背景

广州大型城市能源互联网资源共享协同关键技术与示范工程是广东电网广州供电局牵头建成的国内外首个大型城市能源互联网示范工程。其通过能源互联局域网及其他各种社会资源进行整合，实现了资源的合理分配利用，支撑了城市内部能源绿色转型需求。该工程将最新能源互联网技术和业态模式应用于城市典型能源用户（新型城镇、工业园区、大型用户、电动汽车、运营商），解决特大城市面临的不同类型用能问题。

2. 项目技术成果

（1）提出了基于云边协同的大型城市能源互联网体系架构和实现原理。在边端提出了基于类发电机/储能模型的分布式资源集群等值建模方法，在云端发明了基于线性映射的信息伪装技术，实现了多主体异质能源资源集群规范化建模与私有信息保护；研发了"互联网+"智慧能源服务平台，聚合了广州市约 992MW 的分布式资源，突破了大型城市能源资源主体众多、特性各异、难以高效利用的难题，为构建城市级资源开放共享的能源互联网业态奠定了基础。

（2）发明了基于数字化重构与互联网化管控的通信基站备用电池高效利用技术，电池系统有效容量增加近 30%，示范点配变负载率降低 6%；提出数学上严格的储能互补约束松弛技术，优化求解效率提升 2 个数量级，保障了协同优化的实时性；构建了基于共享商业合同管理模式的四网融合新业态；突破了跨电力—通信行业的能源资源共享协同难题，实现电网、通信、用户、政府多方共赢。

（3）发明了考虑交通—电力双重约束的电动汽车集群有序充电技术，降低示范区配变负荷峰谷差 20%~30%；研制了集成 60kW 大功率直流充电桩、5G 基站等多功能的智慧灯杆，解决了城市充电难、用电难的问题；研发了涵盖 202 家运营商、超 2.7 万个充电桩的统一管理平台。突破了跨电力—交通行业的能源资源共享协同难题，促进了电力和交通业融合。

（4）提出了含复杂逻辑约束的工业负荷灵活性建模技术，发明了基于物联网的工业负荷有序错峰控制方法，在不影响正常工艺流程下降低示范用户峰值负荷 30%；探索并提出共建储能新型商业模式；突破了跨电力—工业用户的能源资源共享协同难题，促进了电力与工业用户的融合。

---

[1] 广州大型城市能源互联网示范工程的详细介绍见《清洁能源与智慧能源导论》。

3. 项目成效

大型城市能源互联网资源共享协同关键技术与示范工程通过"1+3+3"建设（即 1 个"互联网 +"智慧能源综合服务平台、3 个智慧园区、3 个创新业态）实现了基于互联网价值发现、电动汽车、灵活资源及综合能源服务的 4 个业态模式，并选择中新知识城、南沙微电网、从化工业园等中新合作战略高地，兼具自贸区和国家新区双重战略城市新兴区域，因地制宜、点面结合，将广州市打造成为"高效、绿色、共享、创新"能源互联网智慧城市，达成了"综合能源高效利用、绿色低碳持续发展、灵活资源协调共享、业态创新多方共赢"4 个核心目标。

广州大型城市能源互联网示范工程应对城市发展面临的能源供应和环境问题，为碳达峰、碳中和战略服务，有效促进了电力与通信行业、交通业的深度融合，为建设绿色低碳的现代城市提供了智慧方案。

6.5.2　全球天然气资源供需资讯系统[①]

1. 项目背景

天然气供需不平衡是困扰中国天然气市场发展的主要矛盾之一，在此背景下，中海服信息科技股份有限公司基于北斗卫星技术的应用场景分析，提出了北斗大数据技术在天然气领域应用的总体思路。从数据来源、实施难点、数据清洗、算法模型和数据可视化等维度分析，并从工业客户、交通用户、小微用户、加气站等角度进行应用场景的探索研究，建成了全球天然气资源供需资讯系统。

2. 项目技术成果

1）以液化天然气槽车轨迹为基础挖掘液化天然气行业全景信息

现阶段，液化天然气物流主要以液化天然气槽车作为中间环节，连接了上游出货液厂 /接收站与下游 LNG 消费终端，车辆接液、堵车、休息、卸液等行为都有明显的行为特征。以液化天然气槽车轨迹数据为基础，结合物流数据、地理信息数据、船舶数据、市场价格数据、卫星遥感数据、企业工商信息、行业信息等数据，以人工智能、大数据等新一代信息技术为支撑，可还原车辆的接液、卸液行为，追溯某个上游行政区域的常用运输路线，以及相应的用气终端信息，从而推导出整体行业的供应和消费全景信息。

2）地理信息系统

首次尝试将地理信息系统（Geographic Information System，GIS）融合进入天然气行业知识图谱，打造行业全景数字孪生可视化交互系统，用数据驱动决策，让数字世界与现实世界从双向感知走向双向互动。

① 本章关于全球天然气资源供需资讯系统的介绍源自《清洁能源与智慧能源导论》。

3. 项目成效

该系统通过将北斗大数据、人工智能技术与天然气产业知识图谱结合，使交通与能源的应用场景深度融合。大数据技术使能源网与交通网深度融合，为用户降本增效、应急保供；为上游以需定产、削峰填谷搭建桥梁。

该系统打造了从厂到端的模式，使各个环节的信息透明化，并引入市场参考价格浮动机制，可降低上游基础设施的产能闲置率，提升供应链的稳定性和供应保障。通过互联网精准感知、溯源控本，可以管理优化用能成本，实现上、中、下游业务链打通，通过大数据分析和物联感知技术匹配供需，智能化调度，提升能效。

6.5.3 美国山核桃街智能电网示范项目

1. 项目背景

山核桃街是一家智能电网 / 清洁能源研发组织，总部设在得克萨斯大学奥斯汀分校。智能电网项目是山核桃街与得克萨斯大学的奥斯汀能源公司，旨在研究住宅和小型商业地产的能源负荷。

山核桃街智能电网示范项目从 2011 年 2 月开始试验，主要的示范地点是得克萨斯州奥斯汀的穆勒（Mueller）社区。Mueller 项目位于得克萨斯州国会大厦不到 3 英里的地方，是一个 711 英亩的 LEED 社区开发项目，位于奥斯汀前机场的旧址。该项目将包括超过 300 万平方英尺的商业和机构空间，超过 13 000 名居民来自约 5 700 个单户和多户住宅单元。

2. 项目内容

山核桃街智能电网示范项目注册了 1 000 多名参与者，他们通过绿色按钮协议、智能电表和家庭能源监测系统（HEMS）与项目共享其家庭或企业的电力消费数据。Pecan Street 完成了 750 户家庭和 25 个商业物业的 HEMS 安装。该计划提供激励措施，以增加屋顶太阳能光伏（PV）系统安装基础具有二级充电功能的插入式电动汽车和智能电器。

在 1 平方英里的区域内，超过 200 户参与者利用奥斯汀能源和山核桃街的联合光伏激励计划，安装了屋顶光伏（见图 6-16）。在这些家庭中，有 69 户通过山核桃街的光伏返利项目购买或租赁了一辆电动汽车，并从山核桃街项目中获得了一个二级充电器。Pecan Street 研究了这些技术以及各种消费者行为干预的影响，包括定价模型、能源使用的实时反馈、激励方案和信息传递，以及对奥斯汀能源公司分销资产的相应影响。

3. 项目启示

安装在住宅屋顶的太阳能电池板朝向西方时，对系统电网造成的负担要比朝向南方时更小，可以有效提高系统可靠性。关于对电力需求的削峰率，朝西的太阳能电池板同样更有利，电池板朝南的住宅为 54%，而朝西的为 65%。尽管光伏发电只提供约 1/3 的住宅用电，但朝西安装电池板可以提升用电效果。

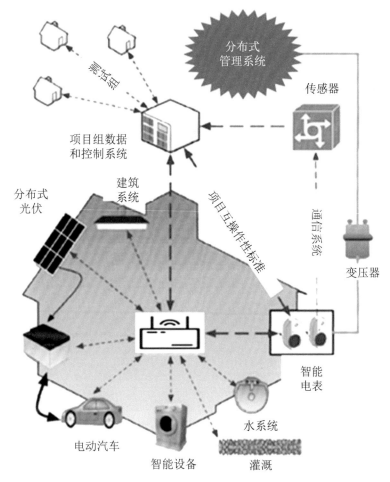

图 6-16　山核桃街智能电网示范项目整体架构图

6.6　本章小结

自能源互联网概念提出以来，能源互联网理念与技术受到国内外政府和研究机构的高度重视。国内外在相关领域已有较多技术积累，并不断推动由以基础性研究为主的阶段向以应用性实践工程的阶段迅速转变。相关技术理论研究及示范工程的建设，首先有助于进一步推进能源生产和消费革命，构建清洁低碳、安全高效的能源体系；其次，有利于构建市场导向的能源互联网技术创新体系，壮大能源互联网产业；同时，也有利于实现生产系统和生活系统循环连接，进而推动生态文明建设不断向纵深发展。

国内外众多国家采取了一系列政策措施推进能源互联网发展，并取得了显著成效。各类示范工程全面展开，经验模式和路径创新各具特色。欧美能源互联网示范工程结构组成多样，应用场景丰富。信息技术与能源生产、传输、存储、消费以及能源市场等环节不断融合，工程致力于能源在各个环节的智能化。国内能源互联网示范工程广泛应用多能互补、储能等关键技术，加快柔性电网建设，积极拓展电动汽车应用、智慧用能与增值服务，提高灵活调节能力，提升清洁能源的消纳水平。本章挑选了国内外具有代表性的 15 个能源互联网示范工程，介绍了不同示范工程的现状、主要架构、特色技术、典型应用场景等方面的情况和进展。各个能源互联网示范工程的成功实践表明，能源互联网是解决未来世界能源问题的有效途径。

在全球"双碳"目标的驱动下，能源互联网示范工程将朝着清洁低碳化进一步转变。同时，信息技术与能源产业将进一步融合，加快示范工程数字化、智能化升级。未来，能源互联网示范工程将集成纳入传感、测量、机器人、数字孪生、区块链、人工智能、大数据、云、边缘计算、物联网等基础共性技术，实现新能源、电网、交通、通信、油气、煤炭等行业与数字化、智能化技术深度融合，完成综合智慧能源技术的示范试验。能源互联网示范工程建设是一个长期、复杂、艰巨且不断更新的系统性工程。需不断创新技术与业态，加强国内外先进工程经验交流，注重与地区特点的结合，推动更高水平、更高层次、更先进的能源互联网示范工程实施与落地。

附　录

附寻 A　指标说明

1. 文献分析指标说明

作者数量： 在统计时间段内，依据 Scopus 唯一作者标识号统计发表了相关文献的作者数量。

活跃学者： 活跃学者表示从 1996 年至今，至少发表过 10 篇学术出版物，且在近 5 年至少发表过 1 篇文献的作者，或者在近 5 年至少累计发表过 4 篇学术出版物的作者。领域内的活跃学者是指符合上述活跃学者条件且发表过至少 2 篇本领域文献的作者。

发文量： 发文量数值统计了被评估主体包含期刊论文和综述文章，代表了被评估主体在某一个固定时间段内的科研产出。

被引次数： 是指在某一个固定时间段内被评估主体所发表文章的所有被引用次数，在一定程度上反映了被评估主体发表文章的学术影响力。但是也需要考虑到，发表时间较近的文章相比于年份较久的文章会由于积累时间较少而导致总被引次数较少。

复合年均增长率（Compound Annual Growth Rate，CAGR）：是指在特定时期内的年度增长率。其计算公式如下：

$$CAGR=(\frac{V_e}{V_b})\frac{1}{n}-1$$

其中，V_b——期初值；V_e——期末值；n——期数。

归一化影响因子（FWCI）：FWCI 在一定程度上反映了被评估主体发表文章的学术影响力，相比于总被引次数，FWCI 从被评估主体发表文章所收到的总被引次数相比于与其同类型发表文章（相同发表年份、相同发表类型和相同学科领域）所收到的平均被引次数的角度出发，能够更好地规避不同规模的发表量、不同学科被引特征、不同发表年份带来的被引数量差异。如果 FWCI 为 1，则意味着被评估主体的文章被引次数正好等于整个 Scopus 数据库同类型文章的平均水平。

前 1%/10% 高被引文章：该指标统计了引用次数达到全球同学科内前 1%/10% 的文章数量及比例，反映了被评估主体的卓越学术影响力，即其科研产出有多少是属于学术圈内最有影响力的文章。

前 1%/10% 高影响力期刊文章：该指标统计被收录在全球同学科内前 1%/10% 影响力期刊的文章数量及比例，由于这类文章被高影响力期刊接受发表，意味着其包含了同行评议的高度认可，反映了评估主体在学术同行之间的卓越影响力。高影响力期刊采用 CiteScore 作为影响力指标。CiteScore 采用过去 3 年的时间区间为基准来计算每个期刊的平均被引用次数，以此体现期刊的影响力。

学术科研合作包含三类：国际合作、国内合作和机构内合作。

国际合作文章：文章的发表作者为多位作者，且作者中至少有一位隶属于国外的研究机构（此作者不隶属于本机构）。其表明了该类文章源于国际合作的成果。

国内合作文章：文章的发表作者为多位作者，作者中没有隶属于国外研究机构，但是至少有一位隶属于国内其他研究机构（此作者不隶属于本机构）。其表明了该类文章源于国内合作的成果。

机构内合作文章：文章的发表作者为多位作者，作者中既不隶属于国外研究机构，也不隶属于国内其他研究机构，而全部隶属于本机构。其表明了该类文章源于机构内合作的成果。

单一作者：文章发表作者为一人。

产学合作：是指文章的发表作者为多位，作者的隶属单位至少有一位属于本机构，且至少有一位隶属于产业界。其表明了该类文章源于产学合作的成果。

研究主题：研究主题是具有共同研究兴趣的文章集合，代表了这些文章研究内容的共同焦点。在 Scopus 数据库中，所有的文章通过直接被引的算法归类于约 96 000 个研究主题中。在具体一个研究主题中的文章之间是强被引关系，弱被引关系的文章将被归于不同的研究主题中。

研究主题全球显著度：该指标采用了研究主题的 3 个指标进行线性计算，即被引次数（C）、在 Scopus 中的被浏览数（V）和平均期刊因子 CiteScore（CS）。其体现了该研究主题被全球学者的关注度、热点程度和发展势头，并且显著度与研究资金、补助等呈现正相关关系，通过寻找显著度高的研究主题，可以指导科研人员及科研管理人员获得更多的基金资助。主题全球显著度得分是根据引文数（C），浏览次数（V）和 CiteScore（CS）计算主题研究方向的显著度值。第 n 年每个主题 j 的显著度值等式是：

$$P_j = \frac{0.495(C_j - \mathrm{mean}(C_j))_e}{\mathrm{stdev}(C_j)} + \frac{0.391(V_j - \mathrm{mean}(V_j))}{\mathrm{stdev}(V_j)} + \frac{0.114(CS_j - \mathrm{mean}(CS_j))}{\mathrm{stdev}(CS_j)}$$

主题显著度百分位： 表示主题的全球显著度得分的百分位排名，百分位越高表示显著度得分越高。例如，主题显著度百分位为 99.9，表示本主题的显著度得分高于全球 99.9% 的主题。

2. 专利分析指标说明

专利总数量： 包括目前审查阶段未授权的 + 正在审查的专利（3 年审查完）+ 失效的专利 + 授权的专利。专利总数量分析中未拆除失效专利，原因是专利申请量与是否获得专利权利没有关系，权利失效了，也会公示，公众可查看，对领域内研究也存在技术影响和技术启示。例如，授权专利未交年费导致失效的，失效前授权阶段也是有权利的——已公开了技术，对技术研究也有影响。如果拆除这部分失效专利，则公开的这部分技术就缺失了，易造成整体研究的技术缺失。

被引次数： 是指在某一个固定时间段内被评估主体所申请专利的所有被引用次数，在一定程度上反映了被评估主体的专利影响力。但是也需要考虑到，公开时间较近的专利相比于年份较久的专利，会由于积累时间较少而导致总被引次数较少。

世界知识产权组织（World Intellectual Property Organization，WIPO）： 是联合国保护知识产权的一个专门机构，有 193 个成员国，共同遵守《WIPO 公约》。其宗旨是通过国与国之间的合作，并在适当的情况下与其他国际组织进行协作，以促进在全世界范围内保护知识产权。

欧洲： 即欧洲专利局，简称 EPO，是根据《欧洲专利公约》于 1977 年 10 月 7 日正式成立的一个政府间组织。其主要职能是负责欧洲地区的专利审批工作。欧洲专利局有 38 个成员国，覆盖整个欧盟地区及欧盟以外的 10 个国家。

欧洲专利局与德国的关系： 德国为欧洲专利局组织的一个成员。德国也有自己的专利局，此处的德国指的是德国自己的专利局受理的专利。一个德国人，既可以向自己的德国专利局递交专利，也可以向欧洲专利局递交专利。

一级主题、二级主题： 技术主题分类目前是智慧芽自主研发的分类体系，技术主题分类是依据文献学术分类，结合语义算法模型来进行分类，通过深度学习训练方法，利用语义规则辅助神经网络模型对专利技术方案进行自动识别，之后，通过后台算法模型阅读专利原文来打上对应的标签。其中，二级主题是一级主题的下一级。

关键词获取方法： 提取了该技术领域中检索时间段内最靠近截止时间的 5 000 项专利中最常见的关键词。关键词为出现频率比较高的词，例如，电动汽车的词频就较高。

热点研究的生成逻辑： 通过对热点技术词的层级拆分，帮助理解该技术领域内更详细的技术焦点。内层关键词是从最近 5 000 项专利中提取；外层关键词是内层关键词的进一步分解。

附录 B　数据来源

1. 学术期刊列表

序　号	期刊名称
1	*Nature Energy*
2	*Energy and Environmental Science*
3	*Joule*
4	*Progress in Energy and Combustion Science*
5	*Applied Energy*
6	*Energy Conversion and Management*
7	*Advanced Energy Materials*
8	*ACS Energy Letters*
9	*Journal of Energy Chemistry*
10	*Energy Research and Social Science*
11	*Energy Storage Materials*
12	*Energy*
13	*Materials Today Energy*
14	*Energy Strategy Reviews*
15	*Renewable and Sustainable Energy Reviews*
16	*Nano Energy*
17	*Protection and Control of Modern Power Systems*
18	*Energy Policy*
19	*Energy Economics*
20	*Fuel Processing Technology*
21	*Biotechnology for Biofuels*
22	*IEEE Transactions on Power Systems*
23	*International Journal of Energy Research*
24	*Energies*
25	*Journal of Materials Chemistry A*
26	*Journal of Power Sources*
27	*Economics of Energy and Environmental Policy*
28	*Proceedings of the IEEE*
29	*Fuel*
30	*Bioenergy Research*
31	*Progress in Photovoltaics: Research and Applications*
32	*International Journal of Greenhouse Gas Control*
33	*Nuclear Materials and Energy*
34	*Energy, Ecology and Environment*
35	*Biofuel Research Journal*
36	*Energy Technology*

序　号	期刊名称
37	*High Power Laser Science and Engineering*
38	*Energy and Environment*
39	*Nature Sustainability*
40	*Journal of Engineering for Gas Turbines and Power*
41	*IEEE Transactions on Transportation Electrification*
42	*Technology and Economics of Smart Grids and Sustainable Energy*
43	*International Journal of Hydrogen Energy*
44	*Geomechanics and Geophysics for Geo-Energy and Geo-Resources*
45	*IEEE Transactions on Sustainable Energy*
46	*Energy Conversion and Management: X*
47	*Bioresource Technology*
48	*IEEE Transactions on Power Delivery*
49	*Energy Journal*
50	*Electricity Journal*
51	*IEEE Journal of Emerging and Selected Topics in Power Electronics*
52	*Journal of Analytical and Applied Pyrolysis*
53	*Energy Procedia*
54	*Solar Energy Materials and Solar Cells*
55	*Applied Thermal Engineering*
56	*Energy Efficiency*
57	*Journal of Cleaner Production*
58	*IEEE Transactions on Energy Conversion*
59	*Journal of Natural Gas Science and Engineering*
60	*Energy Systems*
61	*Energy Sources, Part A: Recovery, Utilization and Environmental Effects*
62	*International Journal of Energy and Environmental Engineering*
63	*Journal of Energy and Natural Resources Law*
64	*Solar RRL*
65	*Journal of the Energy Institute*
66	*Energy Science and Engineering*
67	*Progress in Nuclear Energy*
68	*Journal of World Energy Law and Business*
69	*International Journal of Energy Economics and Policy*
70	*Journal of Energy Engineering - ASCE*
71	*Sustainable Energy and Fuels*
72	*International Journal of Sustainable Energy*
73	*Energy and Environmental Materials*
74	*Green Energy and Environment*
75	*Journal of Petroleum Science and Engineering*
76	*Annals of Nuclear Energy*

序　号	期刊名称
77	*Renewable Energy*
78	*International Journal on Energy Conversion*
79	*Proceedings of Institution of Civil Engineers: Energy*
80	*Sustainable Cities and Society*
81	*Energy & Fuels*
82	*Journal of Petroleum Exploration and Production*
83	*GCB Bioenergy*
84	*SPE Reservoir Evaluation and Engineering*
85	*Energy Reports*
86	*IEEE Power and Energy Magazine*
87	*IEEE Transactions on Power Electronics*
88	*Propulsion and Power Research*
89	*Energy Exploration and Exploitation*
90	*JPhys Energy*
91	*Journal of Modern Power Systems and Clean Energy*
92	*Energy Sources, Part B: Economics, Planning and Policy*
93	*International Journal of Energy Sector Management*
94	*Journal of Energy Resources Technology, Transactions of the ASME*
95	*Thermal Engineering (English translation of Teploenergetika)*
96	*International Journal of Exergy*
97	*Solar Energy*
98	*Journal of Energy in Southern Africa*
99	*International Journal of Electrical Power and Energy Systems*
100	*International Journal of Reliability, Quality and Safety Engineering*
101	*Rev Roumaine des Sciences Techniques-Series Electrotechnique et Energetique*
102	*eTransportation*
103	*SAE International Journal of Fuels and Lubricants*
104	*Electric Power Systems Research*
105	*Wiley Interdisciplinary Reviews: Energy and Environment*
106	*Materials for Renewable and Sustainable Energy*
107	*Journal of Fusion Energy*
108	*International Journal of Oil, Gas and Coal Technology*
109	*Advances in Geo-Energy Research*
110	*Energetika. Proceedings of CIS Higher Education Institutions and Power*
111	*Engineering Associations*
112	*Lecture Notes in Energy*
113	*Petroleum Science*
114	*IET Generation, Transmission and Distribution*
115	*International Journal of Global Energy Issues*
116	*Journal of Energy Storage*

序 号	期刊名称
117	*RSC Energy and Environment Series*
118	*Sustainable Energy Technologies and Assessments*
119	*Energy for Sustainable Development*
120	*Journal of Energy Markets*
121	*International Energy Journal*
122	*IET Renewable Power Generation*
123	*Batteries*
124	*Combustion Theory and Modelling*
125	*Dianli Xitong Zidonghua/Automation of Electric Power Systems*
126	*CTyF - Ciencia, Tecnologia y Futuro*
127	*International Journal of Nuclear Energy Science and Technology*
128	*Biofuels, Bioproducts and Biorefining*
129	*Sustainable Energy, Grids and Networks*
130	*Combustion Science and Technology*
131	*Journal of Energy and Development*
132	*Geothermics*
133	*Atomic Energy*
134	*Energy and Buildings*
135	*Biomass and Bioenergy*
136	*International Journal of Sustainable Energy Planning and Management*
137	*Oil and Gas Science and Technology*
138	*CSEE Journal of Power and Energy Systems*
139	*ACS Applied Energy Materials*
140	*Frontiers in Energy Research*
141	*International Journal of Coal Preparation and Utilization*
142	*Meitan Xuebao/Journal of the China Coal Society*
143	*Food and Energy Security*
144	*Petroleum Science and Technology*
145	*Transactions of the Atomic Energy Society of Japan*
146	*Wind Energy Science*
147	*Oil Shale*
148	*BWK - Energie-Fachmagazin*
149	*IEEE Transactions on Energy Conversion*
150	*Wind Energy*
151	*AIMS Energy*
152	*Journal of Nuclear Fuel Cycle and Waste Technology*
153	*Power System Technology*
154	*Shiyou Kantan Yu Kaifa/Petroleum Exploration and Development*
155	*Petroleum Chemistry*
156	*Dianli Jianshe/Electric Power Construction*

序　号	期刊名称
157	Hedongli Gongcheng/Nuclear Power Engineering
158	Nihon Enerugi Gakkaishi/Journal of the Japan Institute of Energy
159	International Journal of Energy, Environment and Economics
160	Nuclear Future
161	International Journal of Electric and Hybrid Vehicles
162	Power
163	Journal of Nuclear Energy Science and Power Generation Technology
164	Renewable Energy Focus
165	Combustion, Explosion and Shock Waves
166	Frontiers in Energy
167	Journal of Solar Energy Engineering, Transactions of the ASME
168	Journal of the Japan Petroleum Institute
169	Geothermal Energy
170	International Journal of Renewable Energy Research
171	Solid Fuel Chemistry
172	Biomass Conversion and Biorefinery
173	Journal of Ocean Engineering and Marine Energy
174	China Petroleum Processing and Petrochemical Technology
175	Energy, Sustainability and Society
176	Petroleum Exploration and Development
177	Fuel Cells
178	International Journal of Energy Technology and Policy
179	Biofuels
180	Journal of Electrochemical Energy Conversion and Storage
181	Chemistry and Technology of Fuels and Oils
182	Journal of Sustainable Development of Energy, Water and Environment Systems
183	Oil Gas European Magazine
184	IEEE Power Electronics Magazine
185	Journal of Renewable and Sustainable Energy
186	Materials and Energy
187	Geopolitics of Energy
188	International Journal of Photoenergy
189	Dianli Zidonghua Shebei / Electric Power Automation Equipment
190	Journal of Photonics for Energy
191	Journal of Mines, Metals and Fuels
192	Environmental Progress and Sustainable Energy
193	Proceedings of the Institution of Mechanical Engineers, Part A: Journal of Power and
194	Energy
195	International Transactions on Electrical Energy Systems
196	International Journal of Power Electronics and Drive Systems

续表

序　号	期刊名称
197	International Journal of Ambient Energy
198	Clean Energy
199	Fuels and Lubes International
200	IEEE Journal of Photovoltaics
201	International Journal of Green Energy
202	Global Energy Interconnection
203	Electric Power Components and Systems
204	Thermal Science
205	International Journal of Turbomachinery, Propulsion and Power
206	Wind Engineering
207	EPJ Photovoltaics
208	International Journal of Energy for a Clean Environment
209	Applied Solar Energy (English translation of Geliotekhnika)
210	Distributed Generation and Alternative Energy Journal
211	International Journal of Renewable Energy Development
212	Strategic Planning for Energy and the Environment
213	International Journal of Emerging Electric Power Systems
214	Sustainable Energy, Grids and Networks
215	International Journal of Energy Production and Management
216	Journal of Operation and Automation in Power Engineering
217	EAI Endorsed Transactions on Energy Web
218	Green Energy and Technology
219	Journal of Energy Systems
220	European Energy and Environmental Law Review
221	Economics and Policy of Energy and the Environment
222	International Journal of Power and Energy Conversion
223	Energy Engineering: Journal of the Association of Energy Engineers
224	International Marine Energy Journal
225	International Journal of Powertrains
226	IET Electric Power Applications
227	INTELEC, International Telecommunications Energy Conference (Proceedings)
228	IET Power Electronics
229	Renewable Energy and Power Quality Journal
230	Taiyangneng Xuebao/Acta Energiae Solaris Sinica
231	Fuel Cells Bulletin
232	IEEJ Transactions on Power and Energy
233	Water and Energy International
234	Dongli Gongcheng Xuebao/Journal of Chinese Society of Power Engineering
235	Energy Harvesting and Systems
236	Energies

序　号	期刊名称
237	International Journal of Power and Energy Systems
238	Journal of Wind Engineering
239	Water and Energy International
240	Research Topics in Wind Energy
241	Power Systems
242	Power Technology and Engineering
243	Euroheat and Power (English Edition)
244	Euroheat and Power/Fernwarme International
245	Dianli Xitong Baohu yu Kongzhi/Power System Protection and Control
246	Conference Proceedings - IEEE Applied Power Electronics Conference and
247	Exposition - APEC
248	IET Smart Grid
249	Journal of Low Power Electronics and Applications
250	Journal of Microwave Power and Electromagnetic Energy
251	Journal of Power Electronics
252	EPE Journal (European Power Electronics and Drives Journal)
253	Journal of Low Power Electronics
254	Proceedings of the IEEE Power Engineering Society Transmission and Distribution
255	Conference
256	International Journal of Power Electronics
257	Qiangjiguang Yu Lizishu/High Power Laser and Particle Beams
258	CSEE Journal of Power and Energy Systems
259	IEEE Transactions on Wireless Communications
260	IEEE Journal on Selected Topics in Signal Processing
261	IEEE Industrial Electronics Magazine
262	IEEE Transactions on Signal Processing
263	High Voltage
264	IEEE Transactions on Communications
265	IEEE Electrification Magazine
266	Gaodianya Jishu/High Voltage Engineering
267	IEEJ Journal of Industry Applications
268	IEEE Journal of Oceanic Engineering
269	IEEE Transactions on Terahertz Science and Technology
270	IEEE Industry Applications Magazine
271	Iranian Journal of Science and Technology—Transactions of Electrical Engineering
272	IEEE Photonics Technology Letters
273	IEEE Transactions on Electron Devices
274	IEEE Photonics Journal
275	IET Electrical Systems in Transportation
276	Gaoya Dianqi/High Voltage Apparatus

序　号	期刊名称
277	*Serbian Journal of Electrical Engineering*
278	*Shuili Fadian Xuebao/Journal of Hydroelectric Engineering*
279	*Electrical Engineering in Japan (English translation of Denki Gakkai Ronbunshi)*
280	*Opto-electronics Review*
281	*Chinese Journal of Electrical Engineering*
282	*Microelectronic Engineering*
283	*International Journal of Electrical Engineering and Technology*
284	*Electrical Engineering*
285	*Electronics Letters*
286	*Chinese Journal of Electronics*
287	*Journal of Electrical Engineering and Technology*
288	*IEEJ Transactions on Electrical and Electronic Engineering*
289	*Journal of Electrical Engineering*
290	*Engineering*
291	中国电机工程学报
292	*IEEE SPECTRUM*
293	*IEEE Transactions on Reliability*
294	*IEEE Transactions on Industry Applications*
295	*IET Science, Measurement and Technology*
296	*IEEE Transactions on Dielectrics and Electrical Insulation*
297	电工技术学报
298	*IEEE Transactions on Circuits and Systems. Part 1: Regular Papers*
299	*IEEE Journal of the Electron Devices Society*
300	*IEEE Transactions on Magnetics*
301	*IEEE Transactions on Circuits and Systems. Part 2: Express Briefs*
302	*IET Optoelectronics*
303	*Physica C: Superconductivity and Its Applications*
304	*Elektronika ir Elektrotechnika*
305	*Applied Computational Electromagnetics Society Journal*
306	*IEEE ELECTRICAL INSULATION MAGAZINE*
307	*IEEE Transactions on Smart Grid*
308	*IEEE Transactions on Knowledge & Data Engineering (Online)*
309	*Resource and Energy Economics*
310	*Advanced Electronic Materials*
311	*IEEE Magnetics Letters*
312	大电机技术
313	中国电力
314	含能材料
315	*IEEE Transactions on Vehicular Technology*
316	*IEEE Vehicular Technology Conference*

2. 专利数据库

序　号	受理局代码	数据库
1	WO	世界知识产权组织
2	EP	欧洲
3	AT	奥地利
4	AU	澳大利亚
5	BE	比利时
6	BX	比荷卢经济联盟
7	CA	加拿大
8	CH	瑞士
9	CN	中国内地
10	DE	德国
11	DK	丹麦
12	ES	西班牙
13	EU	欧盟
14	FI	芬兰
15	FR	法国
16	GB	英国
17	HK	中国香港
18	IE	爱尔兰
19	IL	以色列
20	IN	印度
21	JP	日本
22	KR	韩国
23	MO	中国澳门
24	NL	荷兰
25	NO	挪威
26	NZ	新西兰
27	PL	波兰
28	RU	俄罗斯
29	SE	瑞典
30	SG	新加坡
31	TH	泰国
32	US	美国

附录 C　主题分类介绍

1. 学术主题分类介绍

在 Scopus 数据库中，将整个引文网络 1996 年以来 4 800 多万份 Scopus 索引的文献和另外 2 000 多万份至少被引用两次的非索引文献之间的 10 亿多条引文链接分解成大约 96 000 个主题（见图附录 -1）。在一个具体研究主题中的文章之间是强被引关系，弱被引关系的文章将被归于不同的研究主题中。一个研究主题是具有共同研究兴趣的文章集合，并且是动态的、不断发展的，代表了这些文章研究内容的共同焦点。

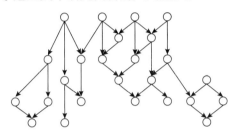

图附录 -1　采用直接引用分析法将 Scopus 的所有出版物聚成主题

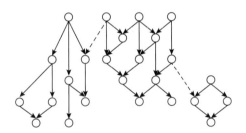

图附录 -2　根据引用链接薄弱将集群分割成单独的主题

主题名称是根据与主题相关的标题、摘要和作者关键字中提取的术语（概念或关键词）以数据驱动的方式生成的（图附录 -2）。标题中的术语将赋予更高权重，以更好地与原文含义保持一致。构成主题名称的术语应在文章中频繁出现，且对主题有高度的概括性。2020 年，爱思唯尔数据库重命名了主题，以反映其近期出版物的特点。本次命名主要参考了 2015—2019 年发表的主题论文，如果该时间范围内的论文少于 10 篇，则使用 2010—2019 年的 10 年范围。

2. 专利主题分类介绍

专利使用 CPC 分类机制来定义能源互联网相关的专利。CPC 分类表的编排参照 IPC 标准，形式上更接近 IPC 分类表。CPC 建立在 ECLA 的基础上，保留了 ECLA 的全部内容和结构，同时沿用了 ECLA 的分类方法、分类原则和规则。其新增内容有：合并 ICO 标引码（由 EPO 对计算机领域标引的代码）和一些关键词码，并增加部分 UC 分类号，例如，商业方法类号、交叉文献的参考类号（XRACs）、别类类号（degests），等等。

CPC 分类条目多达 25 万条，其分类表分为 9 个部（A—H、Y），其中，A—H 部分别对应目前 IPC 的 A—H 部，其 CPC 类号由主干类号（Main Trunk）和引得码（Indexing Codes）组成。

主干类号既可标引发明信息，也可标引附加信息，由 ECLA 类号和镜像 ICO（Mirrored ICO）转换而成，共计 160 496 个。其中，镜像 ICO 为有完全对应 ECLA 类号的 ICO 码，区别仅在于 ICO 首字母和 ECLA 首字母不同；

引得码只能用于标引附加信息，由细分 ICO（Breakdown ICO）、垂直 ICO（Orthogonal ICO）和 IPC 引得码转换而成，共计 82 223 个，其中，细分 ICO 为 ICO 码中的进一步细分小组，一般是对"镜像"ICO 的细分，垂直 ICO 为单独存在的特定 ICO 码，此类 ICO 引得码前的数字在 200 以上。

国际能源互联网专利分析中所涉及的 CPC 分类号释义如下：

分 类 号	重点关键释义
B60	一般车辆；
B60K17/14	有轨车通过减小功率防止车轮打滑入 B61C15/08；电动发电机入 H02K；电动机的控制或调节入 H02P；车辆辅助装备的供电（与车辆机械耦合装置相连的电耦合设备入 B60D1/64；车辆电加热入 B60H1/00）；一般车辆的电力制动系统（电动机的控制和调节入 H02P）；车辆的磁悬置或悬浮；电动车辆的监控操作变量；电力牵引
B60L	电动车辆动力装置（车辆电动力装置的布置或安装，或具有共有或共同动力装置的多个不同原动机的入 B60K1/00、B60K6/20；车辆电力传动装置的布置或安装入 B60K17/12
B60L11	用车辆内部电源的电力牵引（B60L8/00、B60L13/00 优先；用于相互或共同牵引的包含电动机和内燃机的原动机的布置或安装入 B60K6/20）〔5，6，8〕
B60L50	用车辆内部电源的电力牵引（由自然力供电的，如太阳能或风能入 B60L 8/00；用于单轨车辆，悬置式车辆或齿轨铁路的入 B60L13/00）[2019.01]
H01	基本电气元件
H01M	用于直接转变化学能为电能的方法或装置，例如电池组
H01M	电极
H01M10	二次电池及其制造
H02	发电、变电或配电
H02J	供电或配电的电路装置或系统；电能存储系统
H02J3	交流干线或交流配电网络的电路装置 [2006.01]
H02J7	用于电池组的充电或去极化或用于由电池组向负载供电的装置 [2006.01]
H02J50	用于无线供电或配电的电路装置或系统
H02J13	对网络情况提供远距离指示的电路装置，例如，网络中每个电路保护器开合情况的瞬时记录；对配电网络中的开关装置进行远距离控制的电路装置，例如，用网络传送的脉冲编码信号接入或断开电流用户 [2006.01]
G06	计算；推算或计数
G06Q	专门适用于行政、商业、金融、管理、监督或预测目的的数据处理系统或方法；其他类目不包含的专门适用于行政、商业、金融、管理、监督或预测目的的处理系统或方法
G06Q10	行政；管理
G06Q50	特别适用于特定商业行业的系统或方法，例如，公用事业或旅游（医疗信息学入 G16H）

附录 D　英文缩写对照表

（一）国家（地区）缩写与全称对照表

* 按照国际出版物数量排序

国 家 缩 写	国 家 全 称	国 家 缩 写	国 家 全 称
USA	美国	NOR	挪威
CHN	中国	FIN	芬兰
GBR	英国	TUR	土耳其
CAN	加拿大	GRC	希腊
DEU	德国	BEL	比利时
AUS	澳大利亚	AUT	奥地利
IRN	伊朗	QAT	卡塔尔
ITA	意大利	ZAF	南非
DNK	丹麦	RUS	俄罗斯
ESP	西班牙	COL	哥伦比亚
FRA	法国	IRL	爱尔兰
IND	印度	VNM	越南
SGP	新加坡	DZA	阿尔及利亚
JPN	日本	ROU	罗马尼亚
CHE	瑞士	POL	波兰
KOR	韩国	CHL	智利
SAU	沙特阿拉伯	MEX	墨西哥
SWE	瑞典	ECU	厄瓜多尔
PAK	巴基斯坦	IDN	印度尼西亚
NLD	荷兰	TUN	突尼斯
BRA	巴西	BGD	孟加拉国
PRT	葡萄牙	IRQ	伊拉克
MYS	马来西亚	NZL	新西兰
EGY	埃及	CZE	捷克共和国
ARE	阿拉伯联合酋长国	MAO	中国澳门

（二）机构缩写与全称对照表

* 按照机构发文数量排序

机 构 缩 写	机 构 名 称
North China Elec. Power U.	华北电力大学
State Grid Corp. of China	中国国家电网公司
Tsinghua U.	清华大学
Aalborg U.	奥尔堡大学
China Elec. Power Res Inst	中国电力科学研究院
Shanghai Jiao Tong U.	上海交通大学
Zhejiang U.	浙江大学
Tianjin U.	天津大学
CAS	中国科学院
Xi' an Jiaotong U.	西安交通大学
Nanyang Tech U.	南洋理工大学
Huazhong U. of Sciand Tech	华中科技大学
Southeast U._NJ	东南大学(南京)
CNRS	国家空间研究报告
South China U. of Tech	华南理工大学
Chongqing U.	重庆大学
Wuhan U.	武汉大学
Guangdong Power Grid Corp.	广东电网公司
Technical U. of Denmark	丹麦技术大学
Shandong U.	山东大学
Hunan U.	湖南大学
Polytechnic U. of Milan	米兰理工大学
Delft U. of Tech	代尔夫特理工大学
Shanghai U. of Elec. Power	上海电力学院
Harbin Inst of Tech	哈尔滨工业大学
Sichuan U.	四川大学
RWTH Aachen U.	亚琛工业大学
KTH Royal Inst of Tech	KTH 皇家理工学院
Hohai U.	河海大学
Beijing Jiaotong U.	北京交通大学
U. of Electronic Sciand Tech of China	电子科技大学
U. of Porto	波尔图大学
Hefei U. of Tech	合肥工业大学
Norwegian U. of Sciand Tech	挪威科技大学
U. of Lisbon	里斯本大学
U. of Sydney	悉尼大学
Eindhoven U. of Tech	埃因霍温理工大学

续表

机 构 缩 写	机 构 名 称
Univ of CAS	中国科学院大学
Beijing Inst of Tech	北京理工大学
Natl Tech U. of Athens	雅典国立技术大学
Univ. Paris-Saclay	巴黎萨克莱大学
Northeastern U. China	中国东北大学
U. of Strathclyde	斯特拉斯克莱德大学
US DOE	美国能源部
The U. of Hong Kong	香港大学
IBM	国际商业机器公司
Illinois Inst of Tech	伊利诺伊理工学院
Siemens	西门子
Univ of Rome	罗马大学拉萨皮恩扎
Pacific Northwest Natl Lab	太平洋西北国家实验室
Austrian Inst of Tech	奥地利理工学院
Shandong Elec. Power Res Inst	山东省电力科学研究院
ABB Group	ABB集团
Washington State U. Pullman	华盛顿州立大学普尔曼分校
Beijing U. of Posts and Telecom.	北京邮电大学
NARI Tech Co., Ltd.	南瑞科技有限公司
INESC-ID	葡萄牙国家计算机系统研究所
Technical U. of Munich	慕尼黑工业大学
City U. of Hong Kong	香港城市大学
U. of Genoa	热那亚大学
The U. of Chicago	芝加哥大学
Argonne Natl Lab	阿贡国家实验室
Northeast Dianli U.	东北电力大学
Missouri U. of Sciand Tech	密苏里科技大学
Beihang U.	北京航空航天大学
E.ON	德国意昂集团
CentraleSupélec	巴黎中央理工-高等电力学院
Natl Res Council of Italy	意大利国家研究委员会
Southwest Jiaotong U.	西南交通大学
Vienna U. of Tech	维也纳工业大学
Université Grenoble Alpes	格勒诺布尔阿尔卑斯大学
U. of Palermo	巴勒莫大学
China Agricultural U.	中国农业大学
China Three Gorges U.	三峡大学
U. of Melbourne	墨尔本大学
Ohio State U.	俄亥俄州立大学
Technical U. of Berlin	柏林工业大学

机 构 缩 写	机 构 名 称
U. of Zagreb	萨格勒布大学
Guangdong U. of Tech	广东工业大学
McGill U.	麦吉尔大学
Concordia U.	康考迪亚大学
Wuhan U. of Tech	武汉理工大学
CAS - Inst of Elec.al Eng.	中国科学院电工研究所
OFFIS - Inst for Info. Tech	德国奥尔登堡信息技术研究所
U. of the Basque Country	巴斯克地区大学
Technical U. of Madrid	马德里技术大学
Institut polytechnique de Grenoble	格勒诺布尔理工学院
U. of Denver	丹佛大学
Électricité de France S.A.	法国电力公司
Changsha U. of Sciand Tech	长沙理工大学
Universiti Tenaga Nasional	国立特纳加大学
Sungkyunkwan U.	成均馆大学
Nanjing U. of Sciand Tech	南京理工大学
Taiyuan U. of Tech	太原理工大学
SINTEF	挪威科技工业研究所
Luleå U. of Tech	瑞典吕勒奥理工大学
Brunel U. London	伦敦布鲁内尔大学
Institut Mines-Télécom(IMT)	法国国立高等矿业 - 电信学校联盟
Tampere U.	坦佩雷大学
Hydro-Quebec	魁北克水电公司
ÉTS Montréal	魁北克高等技术学院
Université Paris-Sud	巴黎南大学
Alstom	阿尔斯通
Shenyang U. of Tech	沈阳工业大学
Korea Elec. Power	韩国电力
China U. of Petroleum-Beijing	中国石油大学(北京)
Toshiba	东芝
U. of the Ryukyus	琉球大学
Université PSL	巴黎文理研究大学
INRIA_FRA	法国国家信息与自动化研究所
U. of Oldenburg	奥尔登堡大学
Mälardalen U.	梅拉达伦大学
VTT_FIN	芬兰国家技术研究中心
Sorbonne Université	索邦大学
Enel	意大利国家电力公司
Lancaster U.	兰卡斯特大学
U. of Kassel	卡塞尔大学

机 构 缩 写	机 构 名 称
Nanjing Inst of Tech	南京工程学院
ABB Corporate Res	ABB企业研究
Ajou U.	亚洲大学
U. of Wuppertal	伍珀塔尔大学
TECNALIA	西班牙Tecnalia研究院
Fraunhofer IWES	弗劳恩霍夫风能系统研究所
École des mines Paris	巴黎矿业学院
Shenyang Inst of Eng.	沈阳工程学院
U. of Brescia	布雷西亚大学
A2A S.p.A.	瑞士腾晖
Nokia	诺基亚
DNV GL Group	DNV GL集团
U. of Bristol	布里斯托大学
Xihua U.	西华大学
Lucent	朗讯
Meiji U.	明治大学
Schneider Elec.	施耐德电气
Enexis Group	恩克西斯集团
Institut Teknologi Brunei	文莱科技学院
SINOPEC	中国石化
Gifu U.	岐阜大学
Natl Grid	中国国家电网
EDP Group	葡萄牙电力集团
STMicroelectronics	意法半导体
Télécom Paris	巴黎电信
American Elec. Power	美国电力公司
Alliander N.V.	荷兰Alliander能源公司
Rolls-Royce	劳斯莱斯
Fuji Elec. Co., Ltd.	富士电机株式会社
École polytechnique	巴黎综合理工学院
Energinet SOV	丹麦国有能源公司Energinet
Battelle	巴特尔研究所
U. of Brunei Darussalam	文莱大学
Exelon	美国Exelon电力公司
Tenaga Nasional Berhad	特纳加国家有限公司
Meidensha Corp.	美登社股份有限公司
Tennet TSB B.V.	腾网电信有限公司
Goldwind SciTech Co., Ltd.	金风科技股份有限公司
fortiss GmbH	富通有限公司

续表

机 构 缩 写	机 构 名 称
Télécom SudParis	南巴黎电信
Mitsubishi Heavy Industries	三菱重工
Indra	英德拉
KONCAR	克罗地亚电气工程学院
Statnett SF	挪威国家电网公司
Orsted AS	丹麦沃旭能源
HW Comm. Ltd	HW通信有限公司
Sch of Elec and Infor Eng., Univ of Sydney	悉尼大学电气与信息工程学院
DIME_Univ of Genoa	热那亚大学热化学发电团队
Kunming Inst of phys	昆明物理研究所
STRI AB	瑞典哥德堡STRI AB公司
GEIRI EU	全球能源互联研究院
SKL of Smart Grid Protection and Control	中国智能电网保护与控制国家重点实验室

（三）作者名称缩写对应的全称

作者名称全称	作者名称缩写
Maria Guerrero, José Miguel	Guerrero J.
Javaid, Nadeem	Javaid N.
Vasquez, Juan Carlos	Vásquez J.
Blaabjerg, Blaabjerg	Blaabjerg F.
Vale, Zita A.	Vale Z.
Babamalek Gharehpetian, Gevork Babamalek	B. Gharehpetian G.
Singh, Bhim S.	Singh B.
Da Silva Catalao, Joao Paulo	Catalão J.
Yang-Dong, Zhao Yang	Dong Z.
Monti, Aiitoiiello	Monti A.
Sun, Hong Bin	Sun H.
Chengshan, Chengshang	Wang C.
Shahidehpour, S. Mohammed S	hahidehpour M.
Dragicevic, Tomislav	Dragič evič T.
Guo, Qing Lai	Guo Q.
Wang, Peng	Wang P.
Mohammed, Osama A.	Mohammed O.
Fushuan, Fushuan S.	Wen F.
Xu, Yan	Xu Y.
Wang, Jian Hui	Wang J.
Ai, Qian	Ai Q.
Shafie-Khah, Miadreza	Shafie-khah M.
Mouftah, Hussien T.	Mouftah H.
Liu, Jun Yong	Liu J.
Yi-Jia, Yijia J.	Cao Y.
Faria, Pedro	Faria P.
Kim, Hak Man	Kim H.
Jia, Hong Jie	Jia H.
Tomonobu, Dr Prof Tomonobu	Senjyu T.
Zhang, Jianhua H.	Zhang J.
Huang, Qi	Huang Q.
Gu, Wei	Gu W.
Savaghebi, Mehdi	Savaghebi M.
Srinivasans, Dharani Kumar	Srinivasan D.
Pota, Hemanshu Roy	Pota H.
Chen, Zhen	Chen Z.
Ponci, Ferdinanda	Ponci F.
Kang, Chongqing Q.	Kang C.

续表

作者名称全称	作者名称缩写
Shahnia, Farhad	Shahnia F.
Li, Li	Li L.
Wu, Qinghua Henry	Wu Q.
Anvari-Moghaddam, Amjad Anvari	Anvari-Moghaddam A.
Ustun, Taha Selim	Ustun T.
Lehnhoff, Sebastian	Lehnhoff S.
Yang, Ping	Yang P.
Liu, Nian	Liu N.
Guerrero, Joseph M.	Guerrero J.
Zhao, Bo	Zhao B.
Nguyen, Phuong Hong	Nguyen P.
Jahangir Hossain, Mohammad Jahangir	Hossain M.
Doolla, Suryanarayanna	Doolla S.
Strasser, Thomas Ignaz	Strasser T.
Morais, Hugo	Morais H.
Bevrani, Hassan	Bevrani H.
Yu, Tao	Yu T.
Qiu-Ye, Qiu Ye	Sun Q.
Haghifam, Mohammad Reza	Haghifam M.
Ali Khan, Zahoor Ali	Khan Z.
Dou, Chun Xia	Dou C.
Sanseverino Riva, Eleonora Riva	Riva Sanseverino E.
Bie, Zhao Hong	Bie Z.
Li, Bin	Li B.
Delfino, Fedirico	Delfino F.
Guo, Li	Guo L.
Sherman Shen, XueminSherman S .	Shen X.
Jiang, Xiu Chen	Jiang X.
Pei, Wei	Pei W.
Yusheng, Yu Sheng	Xue Y.
Soares, João P.	Soares J.
Qi, Bing	Qi B.
Kling, W. L.Wil	Kling W.
Liserre, Marco GE	Liserre M.
Dong, Dong	Yue D.
Jian Guo Zhu, Jianguo G.	Zhu J.
Mahmud, Md Sohrab	Mahmud M.
Yuen, Chau	Yuen C.
Erol-Kantarci, Melike	Erol-Kantarci M.

作者名称全称	作者名称缩写
Mao, Meiqing	Mao M.
Lu, Jun Wei	Lu J.
Bindner, Henrik William	Bindner H.
Hayashi, Yasuhiro	Hayashi Y.
Pinto, Tiago	Pinto T.
Rongxing, Rong Xing	Lu R.
Wu, Zai Jun	Wu Z.
Shafiee, Qobad	Shafiee Q.
Kundur, Deepa	Kundur D.
Maung Than Oo, V. Arangarajan Aman Maung Than	Oo A.
Weaver, Wayne W.	Weaver W.
Ghosh, Arindam A.	Ghosh A.
Bayindir, Ramazan	Bayindir R.
Peças Lopes, João Abel Peças	Peças Lopes J.
Rahman, S. M.Rajiur	Rahman S.
Afonso, Jox00E3;o L.	Afonso J.
Davoudil, Ali	Davoudi A.
Zizzo, Gaetano	Zizzo G.
Lin, Xiang Ning	Lin X.
Poh Chiang, Poh Chiang	Loh P.
Wu, Wen Chuan	Wu W.
Luo, Luo	Luo A.
Bauer, Paul T.	Bauer P.
Bhattacharya, Kankar	Bhattacharya K.
Meng, Lexuan	Meng L.
Meng, Ke	Meng K.
Wang, Bin	Wang B.
Pipattanasomporn, Manisa	Pipattanasomporn M.
Chang, Yung Ruei	Chang Y.
Sheng, Ge Hao	Sheng G.
Xu, Zhi Rong	Xu Z.
Chang, Liucheng	Chang L.
Cao, Jun Wei	Cao J.
Robba, Michela	Robba M.
Yu, Wei	Yu W.
Monteiro, Vx00ED;tor	Monteiro V.
Ron Hui, Shu Yuan Ron	Hui S.
Silvestro, Federico	Silvestro F.
Xue-song, Xue song	Zhou X.

作者名称全称	作者名称缩写
Liu, You bo	Liu Y.
Khooban, Mohammad Hossin	Khooban M.
Wang, Qi	Wang Q.
Cafiizares, Claudio A.	Cañizares C.
Rohjans, Sebastian	Rohjans S.
Wei, Wei	Wei W.
You, Shi	You S.
Zhang, Tao	Zhang T.
Mu, Yun Fei	Mu Y.
Muttaqi, Kashem Mohammad	Muttaqi K.
Logenthiran, Thillainathan	Logenthiran T.
Zhang, Ning	Zhang N.
Westermann, DIrk	Westermann D.
Chen, Chen	Chen C.
Bak-Jensen, Birgitte	Bak-Jensen B.
Sun, Yi	Sun Y.
Sun, Guo Qiang	Sun G.
Zhao, Jun Hua	Zhao J.
Wei, Zhi Nong	Wei Z.
Zhang, Xing	Zhang X.
Andren, Filip Pröstl	Andrén F.
Caldognetto, Tommaso	Caldognetto T.
Liu, Hong	Liu H.
Ma, You Jie	Ma Y.
Pillai, Jayakrishnan Radhakrishna	Pillai J.
Abedi, Mehradad	Abedi M.
Han, Yinghuayh	Han Y.
Hurink, Johann L.	Hurink J.
Zhou, Nian Cheng	Zhou N.
Hu, Wei Hao	Hu W.
Smit, Gerard Johannes Maria	Smit G.
Sun, Yao	Sun Y.
Baghaee, Hamid Reza	Baghaee H.
Dou, Xiao Bo	Dou X.
Tai, Neng ling	Tai N.
Ma, Kai	Ma K.
Han, Hua	Han H.
Xiang, Yue	Xiang Y.
Hussain, Akhtar	Hussain A.

作者名称全称	作者名称缩写
Tang, Yi	Tang Y.
Cataliotti, Antonio	Cataliotti A.
Hossain, Eklas	Hossain E.
Di Cara, Dario Di	Di Cara D.
Rinaldi, Stefano	Rinaldi S.
Tine, Giovanni	Tinè G.
Su, Mei	Su M.
Sozer, Yilmaz	Sözer Y.
Xia, Qing Xia	Xia Q.
Mohammad, Mohamed	Mohamed A.
Bracco, Stefano	Bracco S.
Irwin, David E.	Irwin D.
Carpinelli, Guido	Carpinelli G.
Cosentino, Valentina	Cosentino V.
Tenti, Paolo	Tenti P.
Luo, Feng Ji	Luo F.
Sechilariu, Manuela	Sechilariu M.
Li, Guo jie	Li G.
Moreira, Carlos Coelho Leal Monteiro	Moreira C.
Gadh, Rajit	Gadh R.
Wang, Qiang Gang	Wang Q.
Vandevelde, Lieven	Vandevelde L.
Shenoy, Prashant J.	Shenoy P.
Qasim, Umar	Qasim U.
M.la Scala, Massimo La	La Scala M.
Flammini, Allessandra	Flammini A.
Massucco., Stefano	Massucco S.
Locment, Fabrice	Locment F.
Li, Zhiyi	Li Z.
Zhang, Xiao Shun	Zhang X.
Rossi, Manseuto	Rossi M.
Zhang, Bo Ming	Zhang B.
Lewis, Frank L.T.	Lewis F.
Di Silvestre, Maria Luisa Di	Di Silvestre M.
GE, Shao Yun	Ge S.
Niazi, KHALEEQUR H.A.L.E.E.Q.U.R.R.	Niazi K.
Reindl, Thomas Guenter	Reindl T.
Vs Kumar Nunna, H. S.V.Sivanand	Nunna K.
Lai, Jin Gang	Lai J.

续表

作者名称全称	作者名称缩写
Li, Meng Shi	Li M.
Chong Tan, Siew Chong	Tan S.
Lu, Xiaoqing X.	Lu X.
ZHANG, Xue Song	Zhang X.
Ferrari, Paolo	Ferrari P.
Sanjari, Mohammad Javad	Sanjari M.
Hammad, Eman M.	Hammad E.
Wang, Jin Kuan	Wang J.
Zhang, You Bing	Zhang Y.
Deng, Wei	Deng W.
Atsushi, Atsushi	Yona A.
Tushar, Wayes	Tushar W.
Sousa, Tiago M.	Sousa T.
Suhail Hussain, S. Suhail Md@gmail Com	Suhail Hussain S.
Xiao, Jianfang	Xiao J.
Lee, Yih Der	Lee Y.
Li, Geng Feng	Li G.
Lee, Jung Hoon	Lee J.
Rana, Muhammad Masud	Rana M.
Ji, Tian Yao	Ji T.
Ramìrez-Elizondo, Laura M.	Ramìrez-Elizondo L.
Robinett, Rush D.	Robinett R.
Farraj, Abdallah K.	Farraj A.
Attilio Pegoraro, Paolo Attilio	Pegoraro P.
Li, Xialin	Li X.
Kuzlu, Murat	Kuzlu M.
Yang, Shan Lin	Yang S.
Chen, Werirong	Chen W.
Bui, Van Hai	Bui V.
Zhou, Kai Le	Zhou K.
Montoya Giraldo, Oscar Danilo	Montoya O.
Ali, Sahibzada Muhammad	Ali S.
Mottola, Fabio	Mottola F.
Wu, Zhi	Wu Z.
Popovski, Petar	Popovski P.
Yu, Xiao Dan	Yu X.
Gomes, Luis	Gomes L.
Wang, Ke You	Wang K.
Hua, Haochen	Hua H.

续表

作者名称全称	作者名称缩写
Vandoorn, Tine L.	Vandoorn T.
Wang, Rui	Wang R.
Seema	Seema
Shareef, Hussain	Hussain S.
Hu, Ming Qiang	Hu M.
Procopio, Renato	Procopio R.
Zhao, Zhengming M.	Zhao Z.
Bruno, Sergio	Bruno S.
Rizzi, Antonello	Rizzi A.
Sulis, Sara	Sulis S.
Zhao, Zhuo Li	Zhao Z.
Pampararo, Fabio	Pampararo F.
Li, Peng	Li P.
Yong, Yong	Li Y.
Park, Gyung Lcen	Park G.
Li, Qi	Li Q.
Mackay, Laurens	MacKay L.
Yang, Xin Yu	Yang X.
Giampaolo, Giampaolo	Buticchi G.
Ortjohann, Egon	Ortjohann E.
Zang, Haixiang	Zang H.
Pinnarelli, Anna	Pinnarelli A.
Pau, Marco	Pau M.
Elrayyah, Ali Y.	Elrayyah A.
Huang, Wen Tao	Huang W.
Javaid, Sakeena	Javaid S.
Menniti, Daniele	Menniti D.
Lok Woo, Wai Lok	Woo W.
Cintuglu, Mehmet Hazar	Cintuglu M.
Stefanovič , Č Edomir	Stefanovič Ç.
Sorrentino, Nicola	Sorrentino N.
Frattale-Mascioli, Fabio Massimo Frattale	Frattale Mascioli F.
Panzavecchia, Nicola	Panzavecchia N.
Rottondi, Cristina Emma Margherita	Rottondi C.
Shi, Rongliang	Shi R.
Gao, Zhiqiang	Gao Z.
Schlegel, Steffen	Schlegel S.
Yandong, Yan Dong	Chen Y.
Dazhong, Da Zhong	Ma D.

续表

作者名称全称	作者名称缩写
Khan, Bilal	Khan B.
Zhang, Zhan Qiang	Zhang Z.
Chu, Chi Cheng	Chu C.
Calderaro, Vito	Calderaro V.
Soetanto, Darmawan	Sutanto D.
Verticale, Giacomo	Verticale G.
Bagriyanik, Mustafa	Bagriyanik M.
Xu, Haizhen	Xu H.
Fujimoto, Fujimoto	Fujimoto Y.
Habib, Hany Fawzy	Habib H.
Mehmood, Chaudhry Arshad Arshad	Mehmood C.
Gupta, Nikhil	Gupta N.
Pazouki, Samaneh	Pazouki S.
Guaiana, Salvatore	Guaiana S.
Zhang, Shao Min	Zhang S.
Gil--González, Walter Julian Gil	Gil-González W.
Xiao, Hao	Xiao H.
Minciardi, Riccardo	Minciardi R.
Zehir, Mustafa Alparslan	Zehir M.
Yuan, Li Qiang	Yuan L.
Zo Galdi, Vincenzo	Galdi V.
Wang, Bao Yi	Wang B.
Li, Zheng Tian	Li Z.
Yang, Xiaodong	Yang X.
Hao, Ran	Hao R.
Zhao, Qiang	Zhao Q.
Morton, Danny	Morton D.
Xia, Yang hong	Xia Y.
Artale, Giovanni	Artale G.
Cupelli, Marco	Cupelli M.
Praca, Isabel C.	Praça I.
Osorio, Gerardo J.O.	Osorio G.
Yang, Jie	Yang J.
Silva, Marco R.	Silva M.
Pan, Zhao Guang	Pan Z.

参 考 文 献

[1] Huang A Q, Crow M L, Heydt G T, et al. *The future renewable electric energy delivery and management (FREEDM) system: the energy internet*[J]. *Proceedings of the IEEE*, 2010, 99(1): 133—148.

[2] 国务院新闻办公室.《中国的能源政策（2012）》白皮书 [EB/OL].(2012—10—24). http://www.gov.cn/jrzg/2012—10/24/content_2250377.htm.

[3] EEGI. *European Electricity Grid Initiative Research and Innovation Roadmap* 2013—2022[R]. 2013.

[4] 王谋, 张雯, 王思丹. 欧盟《气候与能源 2030 政策框架》要点分析与启示 [J]. 气候变化研究进展,2014,10(6):453—459.

[5] European Technology Platform for Smart Grids. *The digital energy system* 4.0[R]. 2016.

[6] International Energy Agency. *Digitalization & Energy*[R]. 2017.

[7] 国家能源局. 能源技术革命创新行动计划 (2016—2030 年) [EB/OL]. (2016—06—01) [2020-05-12]. http://www.nea.gov.cn/2016—06/01/c_135404377.htm.

[8] 周孝信, 曾嵘, 高峰等. 能源互联网的发展现状与展望 [J]. 中国科学: 信息科学, 2017, 47(2):149-170.

[9] 国家发展改革委, 国家能源局, 工业和信息化部. 关于推进"互联网 +"智慧能源发展的指导意见 [EB/OL]. (2016—02—29) [2018—05—01]. http://www.nea.gov.cn/2016—02/29/c_135141026.htm.

[10] 国家电网有限公司. 绿色发展白皮书 [EB/OL]. https://max.book118.com/html/2018/0506/165124291.shtm

[11] 国家发展改革委, 国家能源局. 能源技术革命创新行动计划 (2016—2030 年)[EB/OL]. (2016—06—01) [2020—06—03]. http://www.nea.gov.cn/2016—06/01/c_135404377.htm.

[12] 康重庆, 陈启鑫, 高峰等. 国家能源互联网发展年度报告 2021[R]. 清华大学能源互

联网研究院，2021.

[13] 清华大学能源互联网研究院和国家能源互联网产业及技术创新联盟．国家能源互联网发展白皮书 (2018)[R]. 清华大学，2019.

[14] 清华大学能源互联网研究院和国家能源互联网产业及技术创新联盟．能源互联网技术发展蓝皮书 [R]. 清华大学，2020.

[15] 孙宏斌，郭庆来，潘昭光等．能源互联网：驱动力、评述与展望 [J]. 电网技术，2015, 39(11):3005-3013.

[16] 刘振亚．全球能源互联网 [M]. 北京：中国电力出版社，2015

[17] 马钊，周孝信，尚宇炜等．能源互联网概念、关键技术及发展模式探索 [J]. 电网技术，2015(39): 3014–3022.

[18] [加] 瓦科拉夫·斯尔．能源转型：数据、历史与未来 [M]. 高峰，江艾欣，李宏达译．北京：科学出版社，2018.

[19] 康重庆，王毅，张靖等．国家能源互联网发展指标体系与态势分析 [J]. 电信科学,2019,35(6):2–14.

[20] 国务院新闻办公室．《新时代的中国能源发展》白皮书 [EB/OL].(2020—12—21). http://www.gov.cn/zhengce/2020-12/21/content_5571916.htm.

[21] 国家能源局．关于建立健全清洁能源消纳长效机制的指导意见（征求意见稿）[EB/OL]. (2020—05—19). http://www.nea.gov.cn/2020-05/19/c_139069819.htm.

[22] 工信部．"十四五"工业绿色发展规划 [EB/OL].(2021—11—15). http://www.gov.cn/zhengce/zhengceku/2021—12/03/content_5655701.htm.

[23] 国家能源局，科学技术部．"十四五"能源领域科技创新规划 [EB/OL].(2021-11-29). http://www.gov.cn/zhengce/zhengceku/2022—04/03/content_5683361.htm.

[24] 唐跃中，夏清，张鹏飞等．能源互联网价值创造、业态创新与发展战略 [J]. 全球能源互联网，2022, 5(2):105—115.

[25] 童光毅，杜松怀．智慧能源体系 [M]. 北京：科学出版社，2020.

[26] Lili Francklyn. *Inside the World's Most Advanced Microgrid: The University of California San Diego*[EB/OL], (2018-11-13). [2020-06-03].

https://microgridnews.com/inside-the-worlds-most-advanced-microgrid-university-of-california-san-diego/.

[27] Pecan Street Smart Grid Demonstration Program. *Final Technology Performance Report*[R]. 2015.

[28] Southern Electric Power Distribution Plc. Project LEO (Local Energy Oxfordshire) [EB/OL]. (2018-11-13). [2022-05-12]. https://project-leo.co.uk/.

[29] Barbara Whiting. Levenmouth Community Energy Project[EB/OL]. (2020-02-06).

[2022-06-03]. https://eusew.eu/sites/default/files/programme-additional-docs/Scotland.pdf.

[30] Next Kraftwerke. The Power of Many[EB/OL]. (2022-05-27). [2022-06-03]. https://www.next-kraftwerke.com/.

[31] ReFLEX Orkney. What is ReFLEX? [EB/OL]. (2022-03-29). [2022-06-03]. https://www.reflexorkney.co.uk/.

[32] NREL. *ARIES: Advanced Research on Integrated Energy Systems*[EB/OL]. (2021-02-24). [2022-06-03]. https://www.nrel.gov/aries/.

[33] Jing, R, Zhou Y, Wu J. *Electrification with flexibility towards local energy decarbonization*[J]. *Advances in Applied Energy*. 2022（5）: 100088.

[34] Jing, R, Wang, X, Zhao, Y, Zhou, Y, Wu, J, Lin, J. *Planning urban energy systems adapting to extreme weather*[J]. *Advances in Applied Energy*, 2021（3）: 100053.

[35] Chang M, Thellufsen JZ, Zakeri B, Pickering B, Pfenninger S, Lund H, et al. *Trends in tools and approaches for modelling the energy transition*[J]. *Applied Energy*. 2021（290）: 116731.

[36] Klemm C, Vennemann P. *Modeling and optimization of multi-energy systems in mixed-use districts: A review of existing methods and approaches*[J]. *Renewable and Sustainable Energy Reviews*. 2021（135）: 110206.

[37] Wang J, Zhong H, Ma Z, Xia Q, Kang C. *Review and prospect of integrated demand response in the multi-energy system*[J]. *Applied Energy*. 2017（202）: 772—782.

[38] 夏越, 金宇飞, 高峰等.2011—2020年全球能源互联网专利产出与热点领域分析 [J]. 农村电气化,2022(6):36-41.DOI:10.13882/j.cnki.ncdqh.2022.06.010.

[39] Klavans R, Boyack K W. *Research portfolio analysis and topic prominence*[J]. *Journal of Informetrics*, 2017, 11(4): 1158-1174.

[40] 刘吉臻，王鹏，高峰. 清洁能源与智慧能源导论 [M]. 北京：中国科学技术出版社，2022.